방과후지도사, 특기 적성 교육 교사, 문화 센터 강사를 위한 **최신 인기 아이템**

실전 방과후지도

팬시 아트 배우기

김정미 지음 | 한국예쁜손글씨POP협회 장대식 추천

■ 일러두기

1. 이 책에서 사용된 용어는 기존 용어와 한글 맞춤법 규정에 의거하여 지정한 것으로 실제 사용하는 용어와 차이가 있을 수 있습니다. 혼돈을 피하기 위해 통용되는 공예 용어를 우선하였습니다.
2. 이 책의 재료 및 도구명은 제조사마다 다른 상품명은 가급적 피하고 구매할 때 혼돈이 없으며 한글 맞춤법 규정에 의거한 재료 및 도구명으로 지정하였습니다.
3. 이 책에 게재된 내용 및 교육 과정은 작가의 교육 노하우와 출판사의 장기간 기획 아래 만들어진 것입니다. 허가받지 않고 행해지는 유사한 내용의 복사 및 출판, 교육 사업은 저작권법 및 형사법으로 책임을 질 수 있습니다.
4. 이 책에 게재된 팬시 일러스트는 저작권 등록된 미야디자인하우스 소유물로 업체의 상업적 이용을 절대 금합니다.

Copyright ⓒ (주)도서출판 청솔
이 책의 판권은 (주)도서출판 청솔에 있습니다.
출판사의 허락 없이 내용의 일부를 인용하거나 발췌하는 것을 금합니다.

실전 방과후지도 팬시 아트 배우기

초판인쇄일 2013년 8월 5일 초판 1쇄
초판발행일 2013년 8월 10일 초판 1쇄

글쓴이 김정미
펴낸이 이성훈
기 획 이정운
편 집 김동욱, 최진효
사진 및 디자인 shslee33, miya design house
영 업 장덕근, 박영기
관 리 정다운
펴낸곳 (주)도서출판 청솔
주 소 경기도 파주시 문발동 출판문화정보산업단지 507-7
등 록 1988년 5월 30일 제312-2003-000047호
전 화 031-955-0351~4
팩 스 031-955-0355

*책값은 표지 뒷면에 있습니다.
*파손된 책은 바꿔 드립니다.

ISBN 978-89-7223-350-3 13630

방과후지도사·특기 적성 교육 교사·문화 센터 강사를 위한 최신 인기 아이템

실전 방과후지도
팬시 아트 배우기

추천사

요즘 저희 한국예쁜손글씨POP협회의 선생님들 가운데 여러 공예 분야에 관심을 갖고 열심히 공부하는 분들이 많습니다. 그 이유는 방과후학교나 특기 적성 교육 등에서 예쁜글씨 POP 교육을 보다 재미있고 신선한 교육 프로그램으로 재탄생시키기 위한 것입니다. 선생님들은 페이퍼 아트, 북 아트, 냅킨 아트, 퀼트 아트, 펠트 공예, 가죽 공예, 리폼 공예 등 다양한 프로그램을 교육하는 공방을 찾아다니며 상당한 시간을 투자하고 공부하고 있습니다.

이 책의 추천사를 의뢰받을 때 받은 원고를 보고 이 책은 우리 선생님들에게 꼭 필요한 책이라는 느낌을 받았습니다. 이 책 속에는 어렵게 느낄 수 있는 드로잉의 기본을 어린이들이 좋아하는 캐릭터를 그려 나가면서 쉽게 배울 수 있는 내용들이 가득합니다. 또한 드로잉의 기본을 활용하여 다양한 팬시 제품을 쉽게 따라 만들 수 있도록 잘 설명되어 있습니다.

예쁜글씨 쓰기를 배우는 학생이라면 이 책을 통해 더욱 독특한 나만의 팬시 아트 작품을 만들 수 있을 것입니다.

팬시 아트는 생소한 면이 있지만 여러 공예 기법을 활용하여 나만의 일상 용품이나 문구 제품을 만들 수 있는 토털 디자인 공예입니다. 현장에서 POP를 제작하는 선생님들 역시 쉽게 드로잉 실력을 쌓을 수 있을 뿐만 아니라 최근의 트렌드에 맞는 새로운 POP 디자인을 만드는 데 큰 도움이 될 것으로 보입니다.

끝으로 제가 쓴 책 〈악필 탈출! 예쁜 손글씨 배우기〉의 일러스트 작가이기도 했던 김정미 선생님과 청솔의 무궁한 발전을 기원합니다.

한국예쁜손글씨POP협회 회장 함초샘 장대식

머리말

지금 이 책을 펼쳐 보신 분이나 현재 방과후지도사로 활동 중인 분들은 어릴 적 밤새 친구나 애인을 위해 조금은 서툴지만 꿰매고, 붙이고, 꾸미고, 글씨를 써서 이 세상에 단 하나밖에 없는 선물을 준비한 기억이 있을 거예요.

제가 만든 캐릭터인 나나와 폴은 중·고등학교 시절 소중한 친구에 생일 선물로 만들어 주었던 핸드메이드 봉제 인형이랍니다. 이 봉제 인형이 이렇게 팬시 아트 캐릭터 제품으로 재탄생한 것이지요. 그때 정성을 다해 준비한 선물을 받고 친구들은 흐뭇한 표정을 지었지요. 저는 또 그 모습에 기쁨을 누렸고요.

이 책을 만들며 생각했어요. 세상이 정신없이 빠르게 흘러가지만 우리 아이들에게는 아직 따뜻한 마음이 남아 있다는 것을요. 오랫동안 팬시 아트 분야에 몸담고 디자인하고 강의를 하며 이런 느낌을 받았어요.

요즘 아이들에게 핸드메이드의 감성을 가르치는 것은 아주 중요한 일이에요. 보통 핸드폰이나 컴퓨터로 표현하는 것에 익숙한 아이들에게 직접 손으로 꾸미고 만드는 과정은 정서적 안정을 가져다줄 거예요. 또한 어떤 한 가지를 만들면서 집중력을 기를 수도 있어요.

혹시 이런 생각을 할지도 모르겠네요. '난 그림을 잘 못 그리는데.' 하지만 걱정할 필요 없답니다. 미술 학원 같은 곳에서 그림 그리는 것을 배우지 않았어도 예쁜 것을 좋아한다면 누구나 쉽게 만들 수 있는 아이템을 모았으니까요. 한 번 만들고 버리는 아이템이 아닌 두고두고 간직하고 싶고, 소중한 친구에게 선물하고 싶고, 또 만들고 싶은 아이템만 모았어요.

쉽고 자연스럽게 아이들과 소통하며 호기심을 북돋아 스스로 참여하도록 하는 주도적 학습 과정이 되도록 하였어요. 선생님들의 열정과 사랑을 가득 담아 아이들과 함께한다면 이 세상에 하나뿐인 선물이 될 거예요.

2013년 7월 미야디자인하우스 대표 김정미(미야)

 Contents

추천사 · 4
머리말 · 5

CHAPTER 1. 이론 – 팬시 아트 이론과 기본 스킬

Part 1. 핸드메이드 팬시 아트란? · 12
Part 2. 핸드메이드 팬시 아트의 활용 및 비전 · 13
1. 공방 및 오프라인 매장 운영 · 13 | 2. 온라인 매장 운영 · 13 | 3. 방과후지도 교사 외의 교육 사업 · 14
Part 3. 핸드메이드 팬시 아트에 필요한 도구 및 재료 · 15
1. 도구 · 15 | 2. 재료 · 16 | 3. 키드 반제품 및 부재료 · 17
Part 4. 핸드메이드 팬시 아트 기본 스킬 배우기 · 18
1. 도형으로 소품 일러스트 그리기 · 18 | 2. '나나'와 '폴' 캐릭터 일러스트 그리기 · 20 | 3. 드로잉 기본 스킬 배우기 · 28
4. 예쁜 손글씨 배우기 · 33 | 5. 스탬프 아트용 조각도 사용법 배우기 · 36 | 6. 바느질 기본 스킬 배우기 · 37

CHAPTER 2. 데코 팬시 아트 배우기 (1) – 드로잉 아트

Basic Lessons. 라벨지로 네임 스티커 만들기 · 40 | Applied Lessons 1. 라벨지로 다이어리 스티커 만들기 · 44
Applied Lessons 2. 라벨지로 리폼 데코 꽃병 만들기 · 48 | Applied Lessons 3. 라벨지로 캐릭터 운동화 만들기 · 52
Applied Lessons 4. 크리스마스 인테리어 소품 만들기 · 56 | Applied Lessons 5. 나만의 캐릭터 머그컵 만들기 · 60
Applied Lessons 6. 드로잉 핸드폰 케이스 만들기 · 64 | Applied Lessons 7. 드로잉 캔버스 가방 만들기 · 68

CHAPTER 3. 데코 팬시 아트 배우기 (2) - 스탬프 아트

Basic Lessons. 스탬프 아트 미니 선물 상자 만들기 · 75
Applied Lessons 1. 스탬프 아트 어버이날 감사 엽서 만들기 · 82
Applied Lessons 2. 스탬프 아트 태그 만들기 · 88
Applied Lessons 3. 스탬프 아트 나만의 편지지 및 편지 봉투 만들기 · 96
Applied Lessons 4. 스탬프 아트 패브릭 앞치마 만들기 · 104

CHAPTER 4. 패브릭 팬시 아트 배우기

Basic Lessons. 패브릭 드로잉 압정 만들기 · 112 | Applied Lessons 1. 패브릭 롱 페이스 자석 만들기 · 116
Applied Lessons 2. 패브릭 강아지 집게 만들기 · 120 | Applied Lessons 3. 패브릭 리넨 레이스 진주 카드 만들기 · 124

 Contents

Applied Lessons 4. 패브릭 미니 아코디언 초대장 만들기 · 130
Applied Lessons 5. 패브릭 드로잉 아코디언 앨범 만들기 · 136

CHAPTER 5. 미야네 봉제 캐릭터 팬시 아트 배우기

Basic Lessons. 봉제 인형 '나나'와 '폴' 만들기 · 142
Applied Lessons 1. '나나'와 '폴' 봉제 핀 버튼 만들기 · 148
Applied Lessons 2. '나나'와 '폴' 봉제 자석 만들기 · 152
Applied Lessons 3. '나나'와 '폴' 봉제 머리핀 만들기 · 156
Applied Lessons 4. '나나'와 '폴' 봉제 볼펜 만들기 · 160

Contents

Applied Lessons 5. '나나' 와 '폴' 봉제 머리 끈 만들기 · 166
Applied Lessons 6. '나나' 와 '폴' 봉제 노트 만들기 · 172
Applied Lessons 7. '나나' 와 '폴' 봉제 카드 만들기 · 176
Applied Lessons 8. '나나' 와 '폴' 봉제 쿠션 만들기 · 182
Applied Lessons 9. '나나' 와 '폴' 봉제 이중 파우치 만들기 · 186

CHAPTER 6. 부록 – 작품에 사용할 일러스트 · 도안 · 패턴

CHAPTER 1.
이론 — 팬시 아트 이론과 기본 스킬

Part 1. 핸드메이드 팬시 아트란?

팬시 상품의 본래 의미는 모든 일상 용품의 원 기능을 해치지 않는 범위 내에서 디자인하여 보다 가치 있고 보다 정서적인 상품으로 재탄생된 것을 말합니다.

팬시라는 개념이 국내에 알려진 것은 1980년대 후반입니다. 여러분도 잘 알다시피 헬로키티라는 캐릭터가 들어간 문구가 인기몰이를 시작하던 시절입니다. 국내 팬시 사업은 이후 비약적인 발전을 거듭하였습니다. 그러나 그 발전은 자체 캐릭터의 개발이 아닌 외국 유명 캐릭터의 경쟁적인 도입으로 인한 것이었습니다. 최근 들어서는 매우 긍정적인 방향으로 성장하고 있습니다. 둘리를 필두로 마시마로, 뿌까, 뽀로로 등 순수 국산 캐릭터가 인기를 얻으며 국내 팬시 사업에서 다양한 토종 캐릭터가 개발되고 있습니다. 하지만 치열한 가격 경쟁으로 인해 저급 중국산 팬시 상품들이 시장을 잠식하고 있습니다. 이런 시장 구도에서 핸드메이드 팬시 제품은 소비자의 욕구를 충족시키는 힐링 상품이 되었습니다. 블로그나 카페를 통해 소개되던 핸드메이드 팬시 제품들이 대형 문구점을 통해 소개되며 전용 진열대까지 생겨났으며 매출도 놀라울 정도로 늘고 있는 추세입니다.

아울러 핸드메이드 팬시 작품들은 기성 디자인 팬시 작품들의 발전에 기반하였지만, 2000년대 공방 문화의 활성화, 해외 여행, 관련 수입 서적의 증가를 통해 핸드메이드 팬시 아트는 일반 공예의 한 분야로 발전하고 있습니다. 팬시 아트는 POP, 북 아트, 리본 아트, 홈패션, 폼 아트 등 여러 분야의 공예가 포함된 토털 공예입니다.

학교 교육에서 디자인 교육의 중요성이 높아지면서 팬시 아트는 더욱 광범위하게 발전해 나갈 것입니다.

Part 2. 핸드메이드 팬시 아트의 활용 및 비전

1. 공방 및 오프라인 매장 운영

핸드메이드의 가치가 높아지고 있는 요즘 내 손으로 직접 꼬물꼬물 이 세상에 단 하나뿐인 팬시 작품을 만들어 보면 어떨까? 공방 카페를 운영하는 것은 어떨까? 잠시 주변을 둘러보면 어렵지 않게 볼 수 있습니다. 팬시 아트 작품을 만들고 커피 한잔을 마시며 힐링할 수 있습니다. 여기에 판매점을 겸하면 예쁜 공방이 되겠지요.

오프라인 문구 매장이나 멀티숍에 납품도 할 수 있습니다. 이 책에 나오는 나나와 폴은 '에이프릴 제니' 라는 핸드메이드 브랜드 캐릭터 제품으로 교보핫트랙스, 코즈니, 텐바이텐 등에 소개되어 많은 인기를 누렸습니다. 최근에는 일본으로 수출까지 할 수 있는 아이템으로 떠오르고 있습니다.

2. 온라인 매장 운영

포털 사이트에서 가장 인기 있는 카페나 블로그 중 하나는 바로 공예 분야입니다. 팬시 아트 공방이나 판매점을 창업하기 전 카페나 블로그, SNS를 운영하여 보세요. 요즘 카페나 블로그를 통해 직거래를 하는 경우도 많습니다. 온라인 매장을 운영하는 것은 오프라인 매장을 운영하는 것보다 비용적 측면에서 안정적이기도 하지만 많은 작품을 손쉽게 소개할 수 있는 좋은 기회가 됩니다. 또 작업을 통해 개인의 스킬을 향상시키는 데도 좋습니다. 아울러 소비자와의 커뮤니케이션을 통해 내가 만든 상품의 저변 확대를 꾀할 수도 있습니다. 그리고 카페나 블로그가 활성화되면 개인 쇼핑몰을 운영할 수 있을 뿐만 아니라 다른 온라인 쇼핑몰에 입점하여 판매할 수도 있습니다.

3. 방과후지도 교사 외의 교육 사업

팬시 아트 수업은 어린이나 청소년 등에게 가장 인기 있는 교육 아이템 중 하나입니다. 현재 초중고교에서는 방과후학교, 특기 적성 교육 등의 프로그램으로 예체능 교육이 확대되고 있습니다. 또한 청소년 수련관 및 복지관 교육 문화 프로그램, 문화 센터 강좌 등이 폭넓게 진행되고 있습니다. 이 책을 만든 동기도 바로 이와 같은 프로그램의 위탁 교육 제의에 의한 것이었습니다. 10년 넘게 팬시 업계에 몸담고 있으면서 얻은 디자인 아이템을 활용하여 도서관이나 지역 청소년 수련관 등에서 팬시 아트 수업으로 진행해 보았습니다. 그 결과 아이들이나 현직 선생님들께 폭발적인 인기를 얻었습니다.

팬시 아트는 홈 패션, POP, 만화, 종이 접기, 북 아트, 크레이 아트, 리본 공예, 폼 아트 등 여러 분야가 결합된 토털 공예의 성격을 띠고 있습니다. 현직에 계시는 각 분야의 선생님들이 다양하게 응용하면 더욱 많은 호응을 얻을 수 있습니다. 현장에서 교육을 담당하고 있는 선생님들에게 보다 흥미롭고 알찬 교육 자료가 될 것입니다.

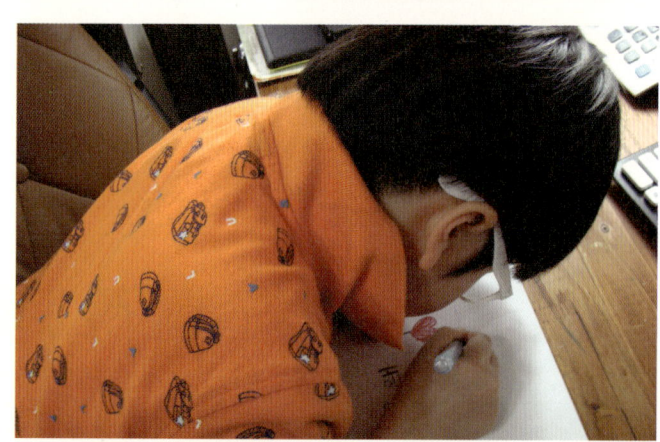

Part 3. 핸드메이드 팬시 아트에 필요한 도구 및 재료

1. 도구

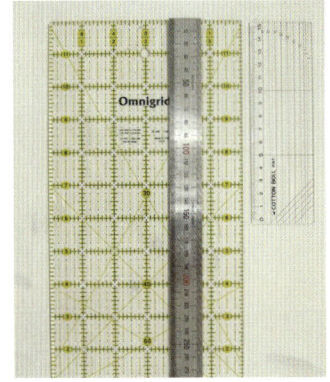

자 : 쇠 자(커팅용), 퀼팅 자, 시접 자, 플라스틱 자 등을 사용합니다.

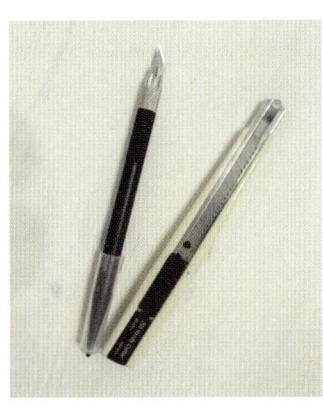

칼 : 피스칼(세밀 커팅 및 모양 커팅), 커터칼 등을 사용합니다.

커팅 보드 : 커팅 시 바닥에 놓고 사용하여 바닥을 보호합니다.

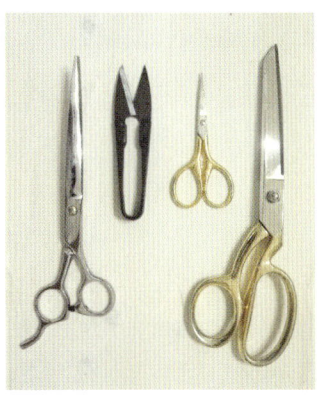

가위 : 일반 가위, 쪽가위(실 커팅), 재단 가위(패브릭 커팅) 등을 사용합니다.

아크릴 물감 : 판매되는 아크릴 물감 중 패브릭 물감을 사용하면 좋습니다.

수채화 물감 : 페이퍼 드로잉에 사용하며, 코팅지에는 사용할 수 없습니다.

파스텔 : 입자가 곱고 불투명하며, 표면이 거친 종이에 주로 사용합니다.

색연필 : 심을 만들 때 광물질 물감을 섞어 색깔이 나도록 한 연필입니다.

전사용 색연필 : 전사용 머그컵 드로잉에 사용합니다.

펜 : 네임펜 12색, 유성펜, 컬러 마커펜 등을 주로 사용합니다.

붓 : 세필붓 1~5호, 백붓, 스펀지(스텐실용) 등을 사용합니다.

딱풀 : 일반적인 종이, 직물 등을 붙일 때 사용합니다.

글루건 : 플라스틱, 패브릭 등에 사용하며, 어린이 사용 시 주의를 요합니다.

양면테이프 : 패브릭 및 종이 접착에 주로 사용합니다.

스탬프 : 데코용으로 사용하며, 반영구적으로 사용할 수 있습니다.

스탬프 잉크 : 유성과 수성이 있습니다. 패브릭에는 유성을 사용합니다.

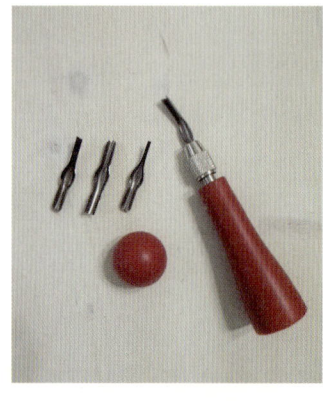 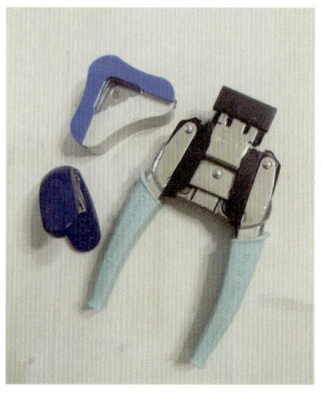

조각도 : 지우개를 이용하여 스탬프를 만들 때 사용합니다.

타공기 : 타공기(종이)와 라운드 커팅기(종이 모서리 라운드)를 사용합니다.

2. 재료

일반 용지 : 도화지, 두꺼운 도화지 등이 있으며, 도안 및 겉지에 사용합니다.

특수 용지 : 이 책에서는 머메이드지, 펄지, 크라프트지 등이 사용됩니다.

실 : 패브릭용으로는 흰색을 사용하고 스티치는 천 색상에 따라 사용합니다.

끈 : 패브릭용으로 마 끈, 노끈, 면 끈, 면 테이프, 리넨 테이프 등이 있습니다.

레이스 : 종류가 다양하므로 취향에 따라 선택합니다.

천 : 주로 리넨, 광목천, 캔버스 등을 사용합니다.

솜 : 주로 구름 솜, 밥풀 솜, 이불솜 등을 사용합니다.

도일리 페이퍼 : 주로 데코용으로 사용합니다.

3. 키드 반제품 및 부재료(www.miyahands.com에서는 방과후 교구로 바로 사용할 수 있도록 상품화하였습니다.)

나나와 폴 봉제 인형 : 대형, 중형, 소형 등이 있습니다.

리넨 카드 : 겉지(리넨 또는 무늬 패브릭으로 싸바리), 속지(카드에 맞추어 재단)가 있습니다.

아코디언 카드 : 크기별로 천으로 싸바리된 겉지와 속지가 있습니다.

도일리 페이퍼 : 겉 천과 속 천이 밑 작업되어 있습니다.

캔버스 가방 : 주로 드로잉 및 패치워크 등에 사용합니다.

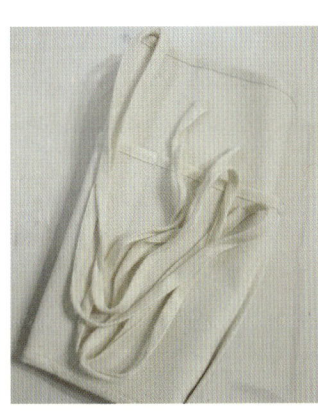

캔버스 앞치마 : 주로 스탬프 아트 및 드로잉 등에 사용합니다.

나무집게 : 주로 데코용으로 사용합니다.

압정 외 : 부재료 데코용으로 사용합니다.(시침 핀, 자석, 압정, 핀 버튼, 머리핀 등)

Part 4. 핸드메이드 팬시 아트 기본 스킬 배우기

1. 도형으로 소품 일러스트 그리기

아기자기한 그림을 그리고 싶을 때 대부분의 사람들이 망설이는 이유는 어디에서 어떻게 시작해야 할지 몰라서입니다. 아래에 있는 그림들을 따라 그리다 보면 쉽게 그릴 수 있습니다. 아이들도 이 방법으로 가르치면 그림에 소질이 없거나 관심이 없는 아이라도 충분히 따라 그릴 수 있습니다.

1) 컵 그리기 : 모든 사물을 잘 보면 외곽 형태는 거의 사각형, 삼각형, 원형 등으로 이루어져 있습니다. 컵은 정면에서 보면 사각형입니다. 사각형을 먼저 그립니다. 그리고 손잡이를 그린 뒤 나머지를 꾸밉니다. 팬시 아트 일러스트의 포인트는 단순화하고 귀엽게 꾸미는 것입니다. 컵을 의인화하여 귀엽게 꾸밀 수 있습니다.

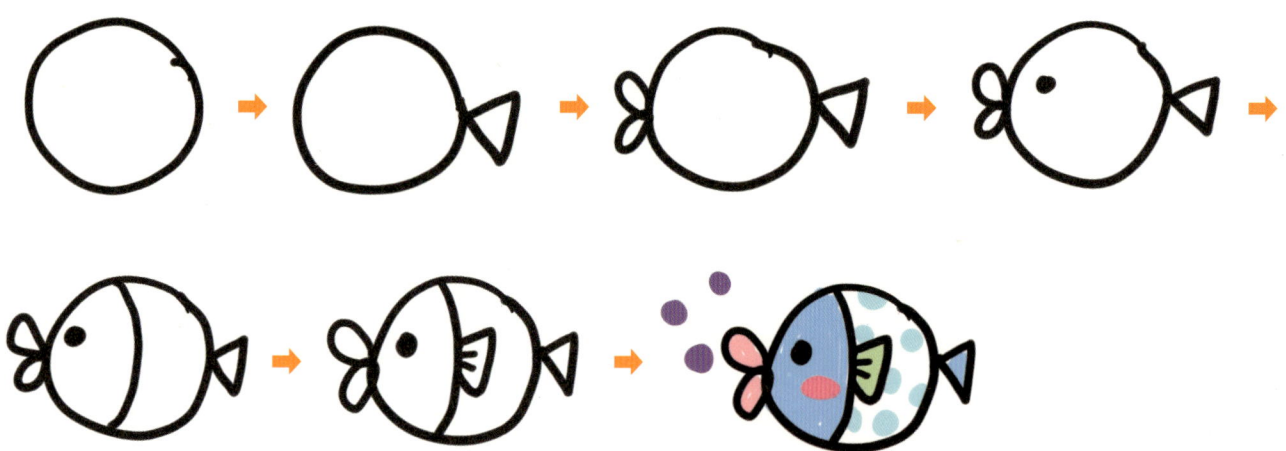

2) 물고기 그리기 : 귀여운 물고기를 측면에서 보면 길쭉한 원형 또는 타원형으로 생겼습니다. 먼저 동그라미를 그리고 순서대로 꾸밉니다.

3) 집 그리기 : 제일 먼저 삼각형의 지붕을 그리고 그 아래쪽에 사각형을 그립니다. 굴뚝과 문을 그리고 꾸밉니다.

모든 사물은 네모, 세모, 동그라미 등으로 단순화할 수 있습니다. 다음의 그림들을 따라 그려 봅니다.

2. '나나'와 '폴' 캐릭터 일러스트 그리기

사람들의 얼굴형은 대부분 동그랗습니다. 일반적으로 사람의 얼굴을 그릴 때 동그라미를 먼저 그린 뒤 나머지 부분을 그려 나갑니다. 이렇게 그리면 좀 더 쉽게 얼굴을 그릴 수 있습니다. 캐릭터를 그릴 때 중요한 것은 얼굴의 각도와 시선입니다. 팬시 아트에서 동물은 거의 의인화 또는 캐릭터화하기 때문에 사람 얼굴을 그리는 방법과 동일하게 얼굴을 그립니다.

1) '나나'와 '폴' 앞 시선 정면 그리기

나를 똑바로 마주하고 정면을 보고 있을 때의 그림입니다. 얼굴 정중앙에 십자선을 그린 뒤 가로선 위에 눈과 코를 그리고 세로선 아래쪽에 입을 그립니다.

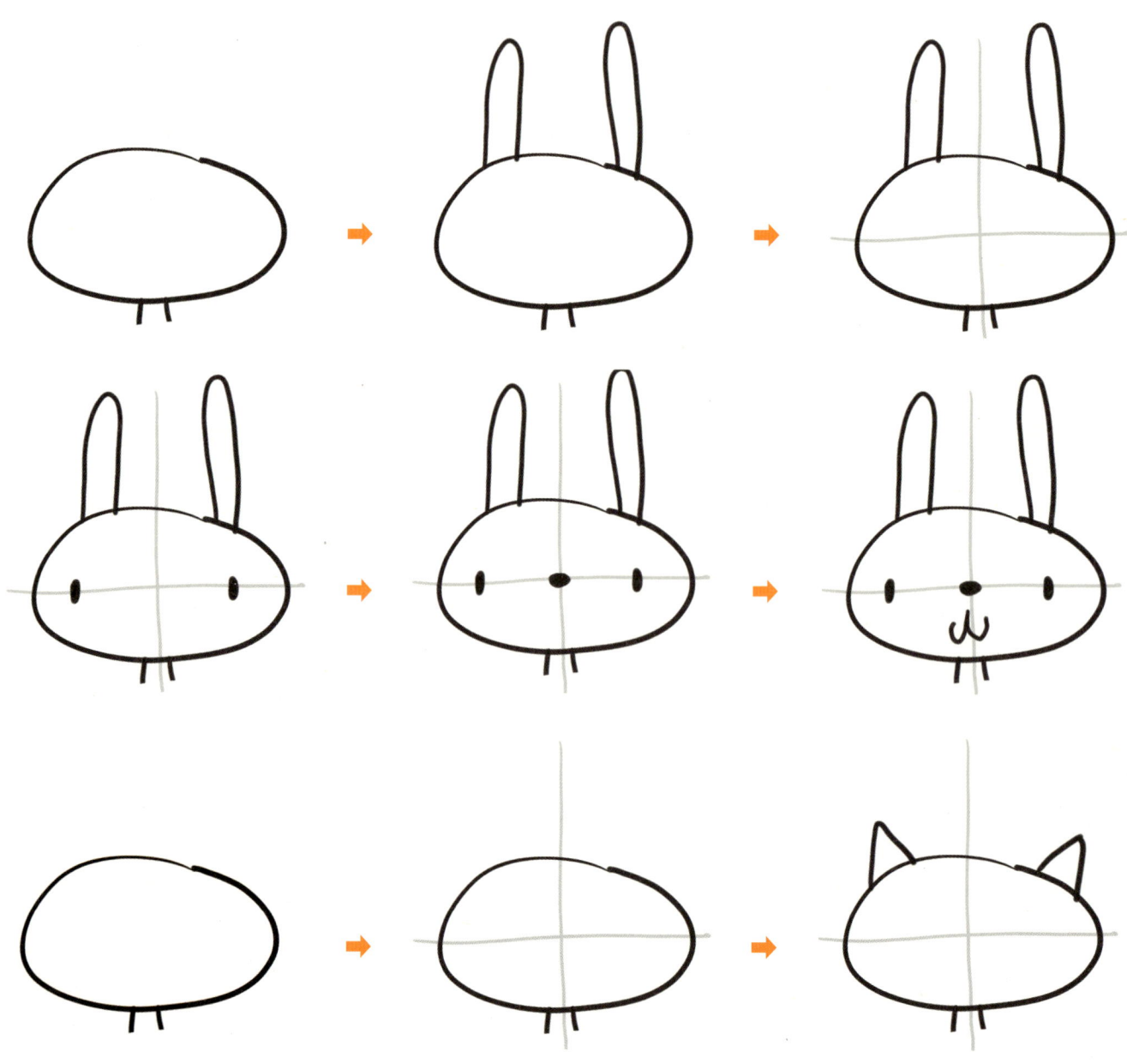

2) '나나'와 '폴' 앞 시선 빗면(좌) 그리기

살짝 고개를 돌린 채 앞을 보고 있을 때의 그림입니다. 나나와 폴이 자신들의 오른손 쪽으로 고개를 돌렸습니다. 십자선의 가로선은 그대로 있고 세로선은 왼쪽으로 옵니다.

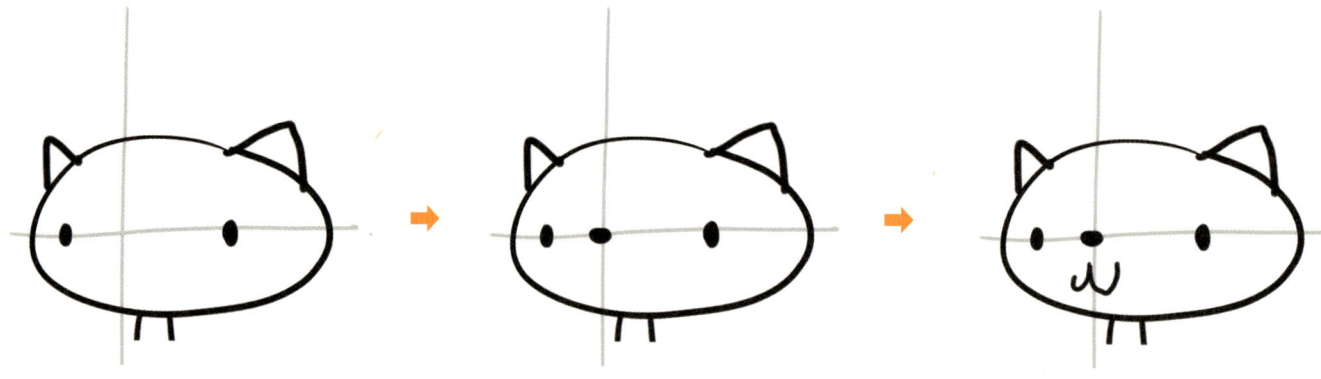

3) '나나'와 '폴' 앞 시선 빗면(우) 그리기

나를 살짝 고개를 돌린 채 보고 있을 때의 그림입니다. 나나와 폴이 자신들의 왼손 쪽으로 고개를 돌렸습니다. 십자선의 가로선은 그대로 있고 세로선은 오른쪽으로 옵니다.

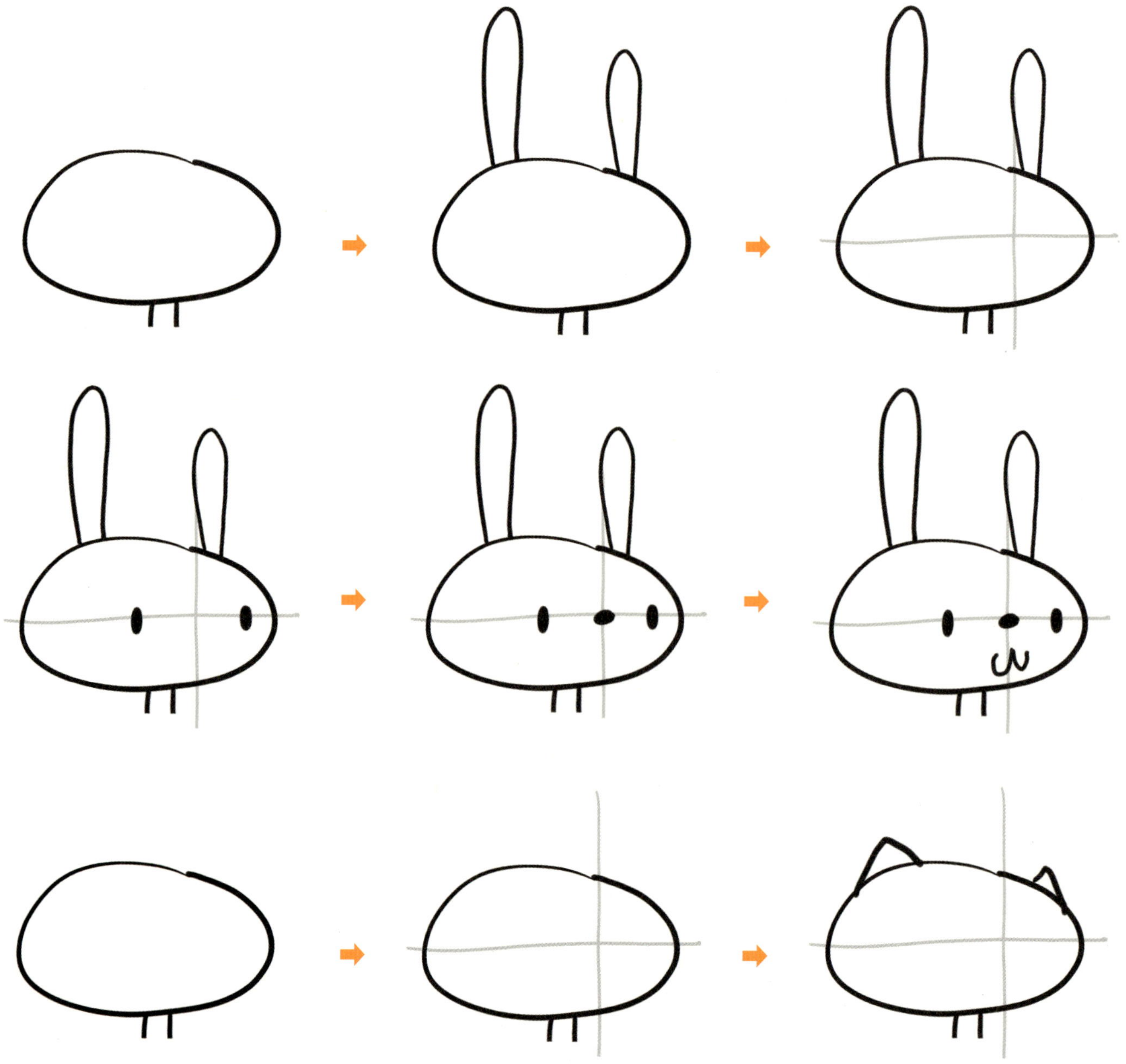

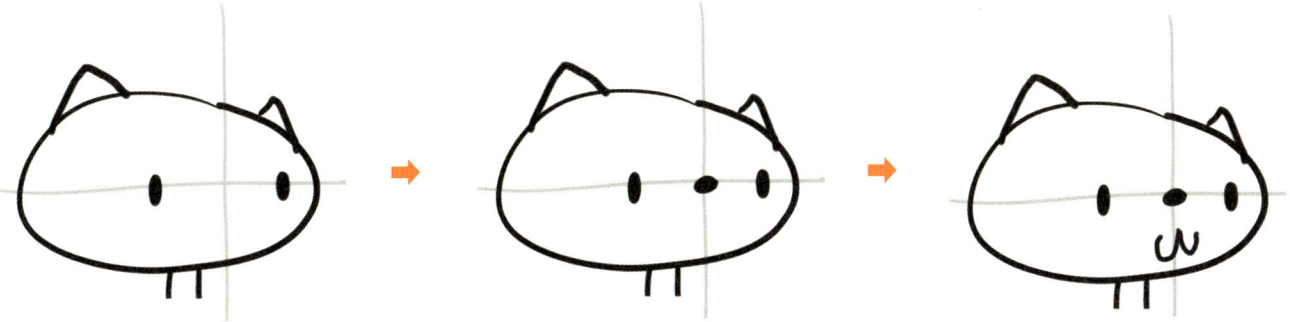

4) '나나'와 '폴' 앞 시선 옆면(우) 그리기

나나와 폴이 자신들의 왼쪽을 보고 있을 때의 그림입니다. 나나와 폴의 오른쪽 눈, 코, 입만 보입니다.

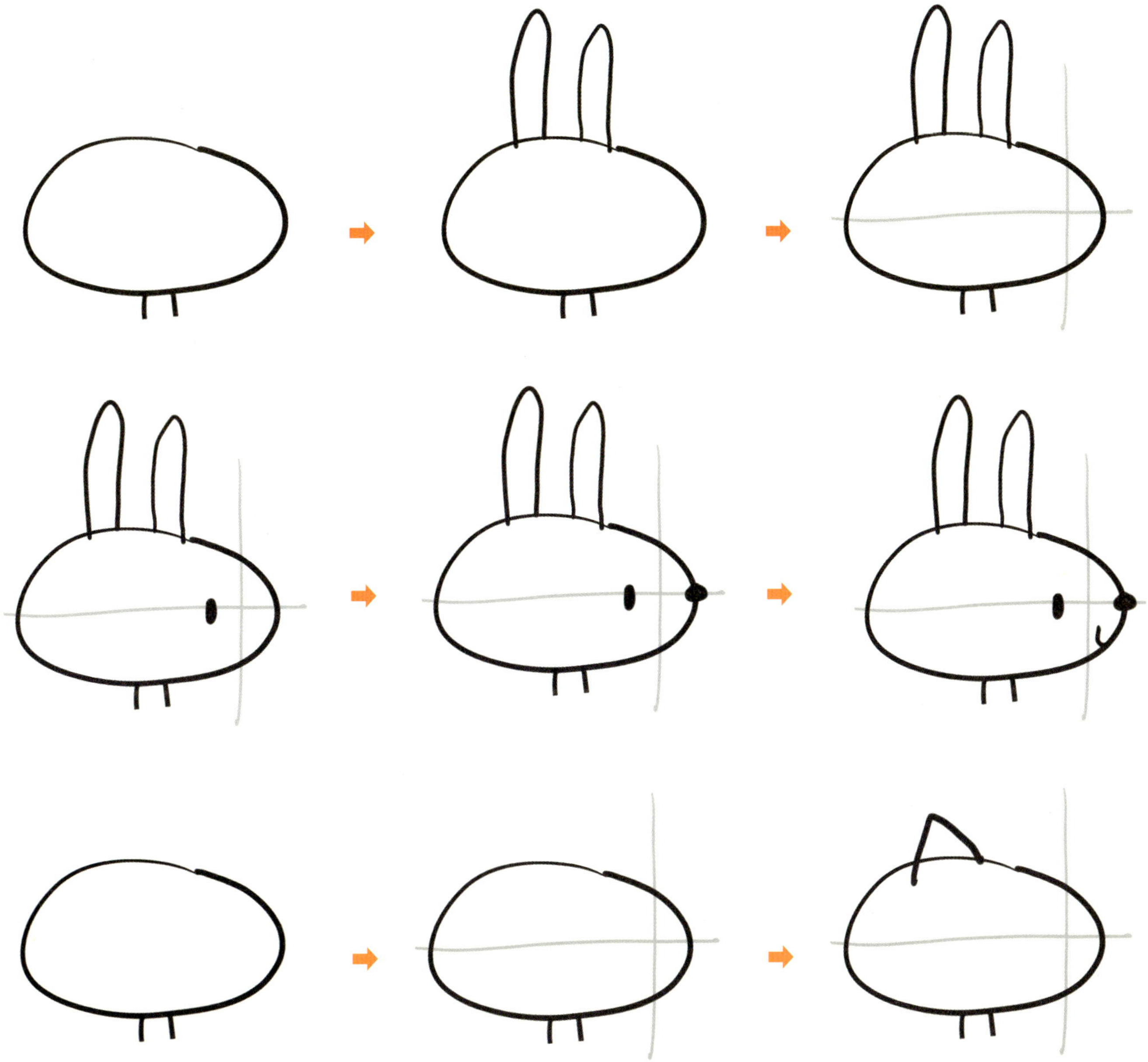

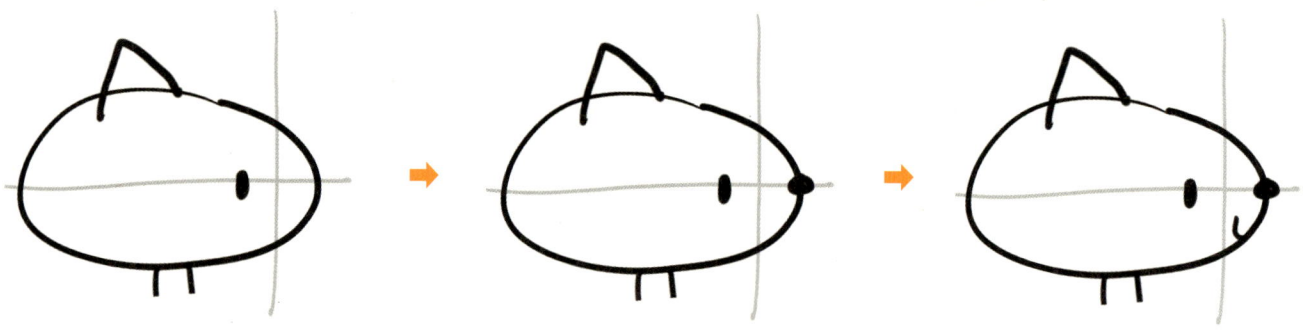

5) '나냐'와 '폴' 위 시선 정면 그리기

나를 똑바로 마주하고 위쪽을 보고 있을 때의 그림입니다. 십자선의 세로선은 가운데 그대로 있고 가로선은 위쪽에 옵니다.

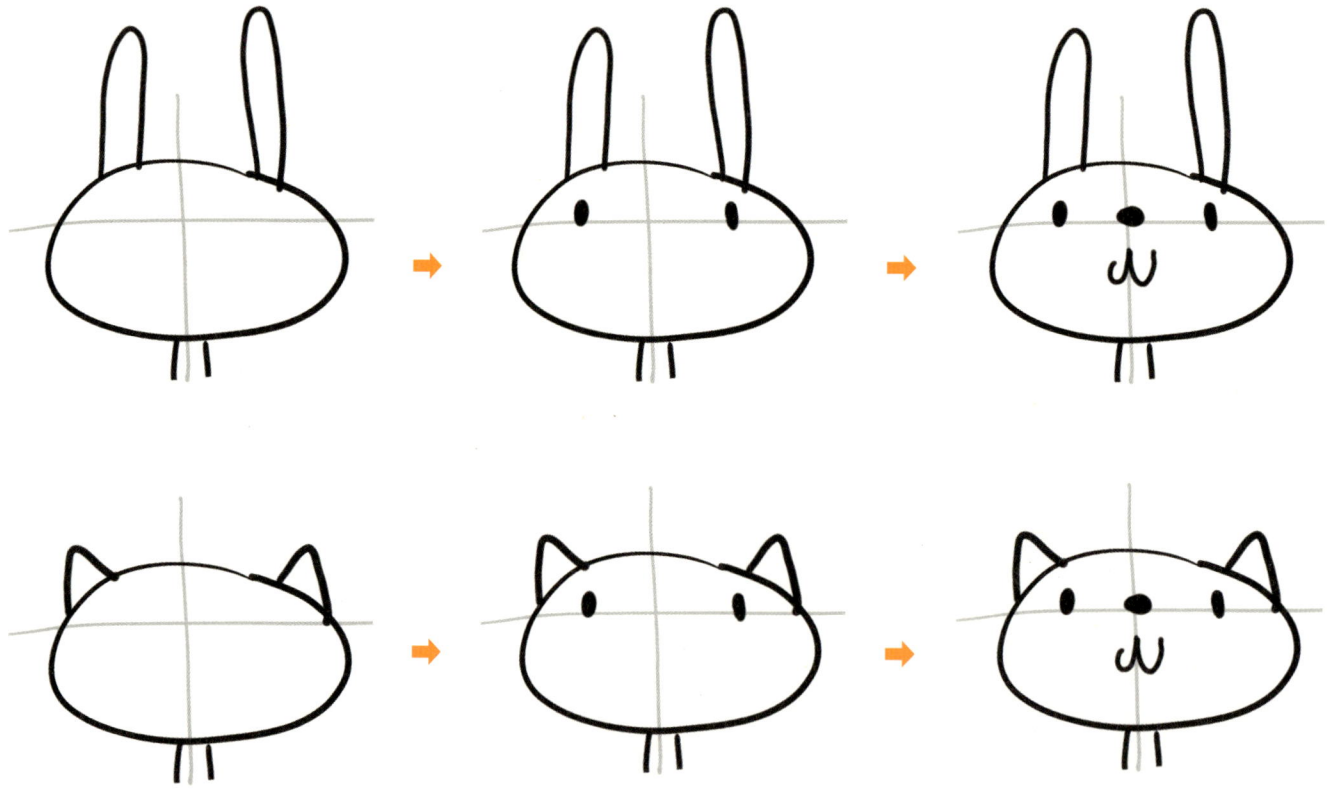

6) '나나'와 '폴' 위 시선 빗면(좌우) 그리기

살짝 고개를 돌린 채 위쪽을 보고 있을 때의 그림입니다. 십자선의 가로선은 위쪽에, 세로선은 왼쪽과 오른쪽에 옵니다.

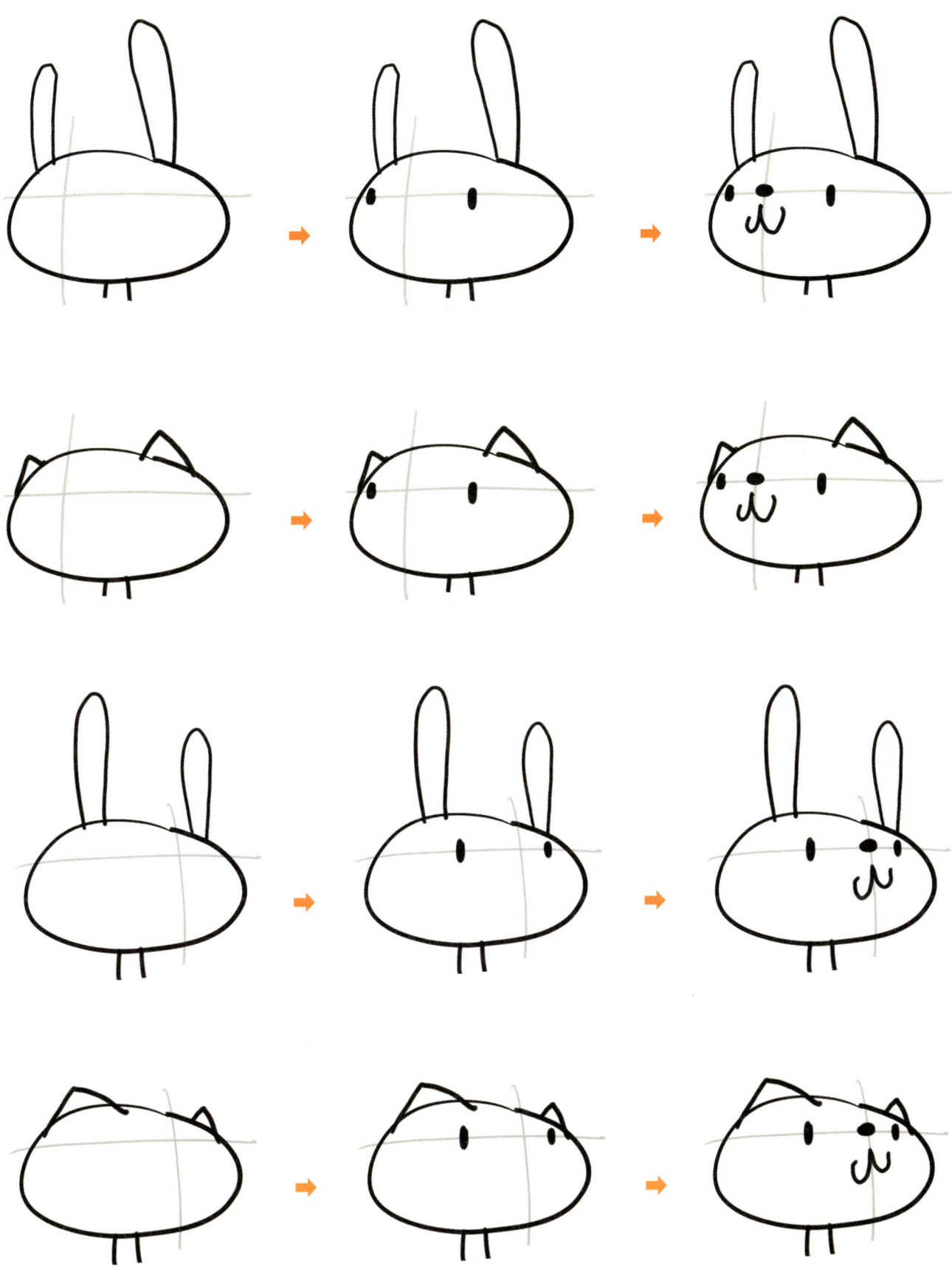

7) '나나'와 '폴' 위 시선 옆면(우) 그리기

나나와 폴이 자신들의 왼손 쪽으로 고개를 완전히 돌린 채 위쪽을 보고 있을 때의 그림입니다. 얼굴의 오른쪽 반만 보입니다.

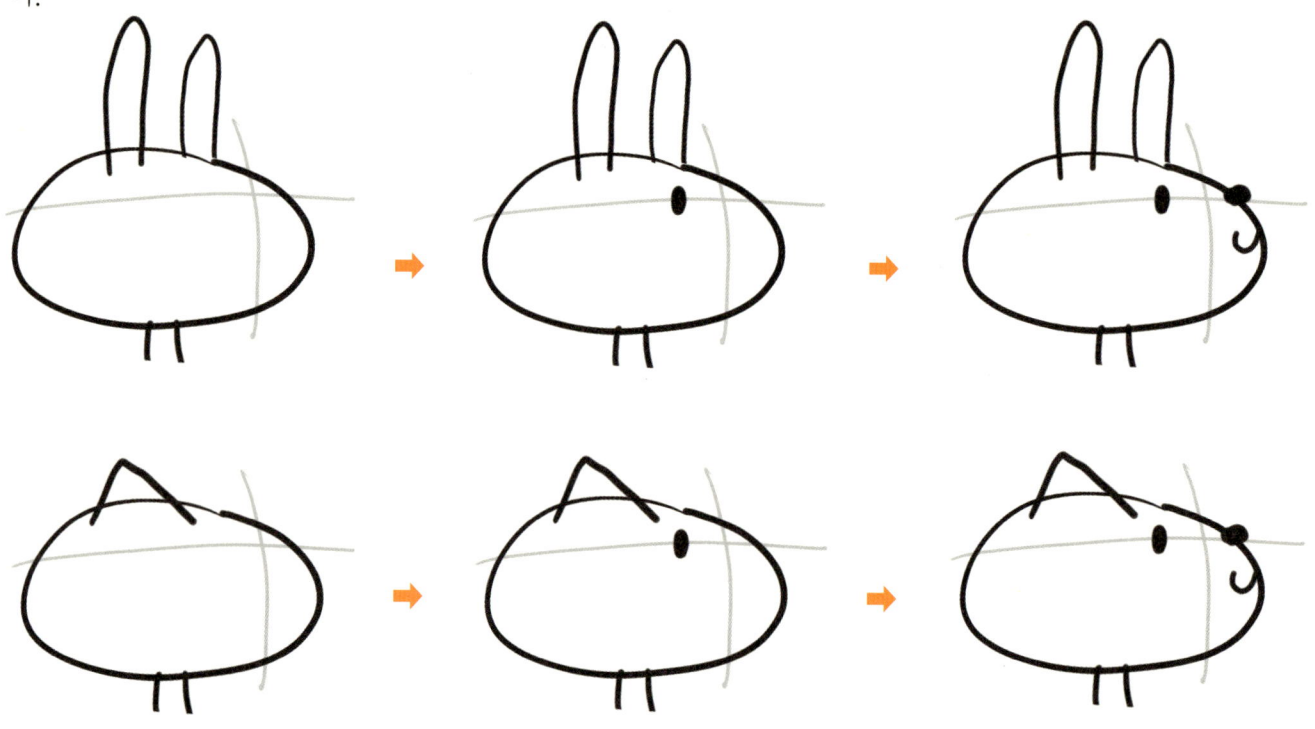

8) '나나'와 '폴' 아래 시선 정면 그리기

나를 똑바로 마주하고 아래쪽을 보고 있을 때의 그림입니다. 십자선의 세로선은 정중앙에 오고 가로선은 아래쪽에 옵니다.

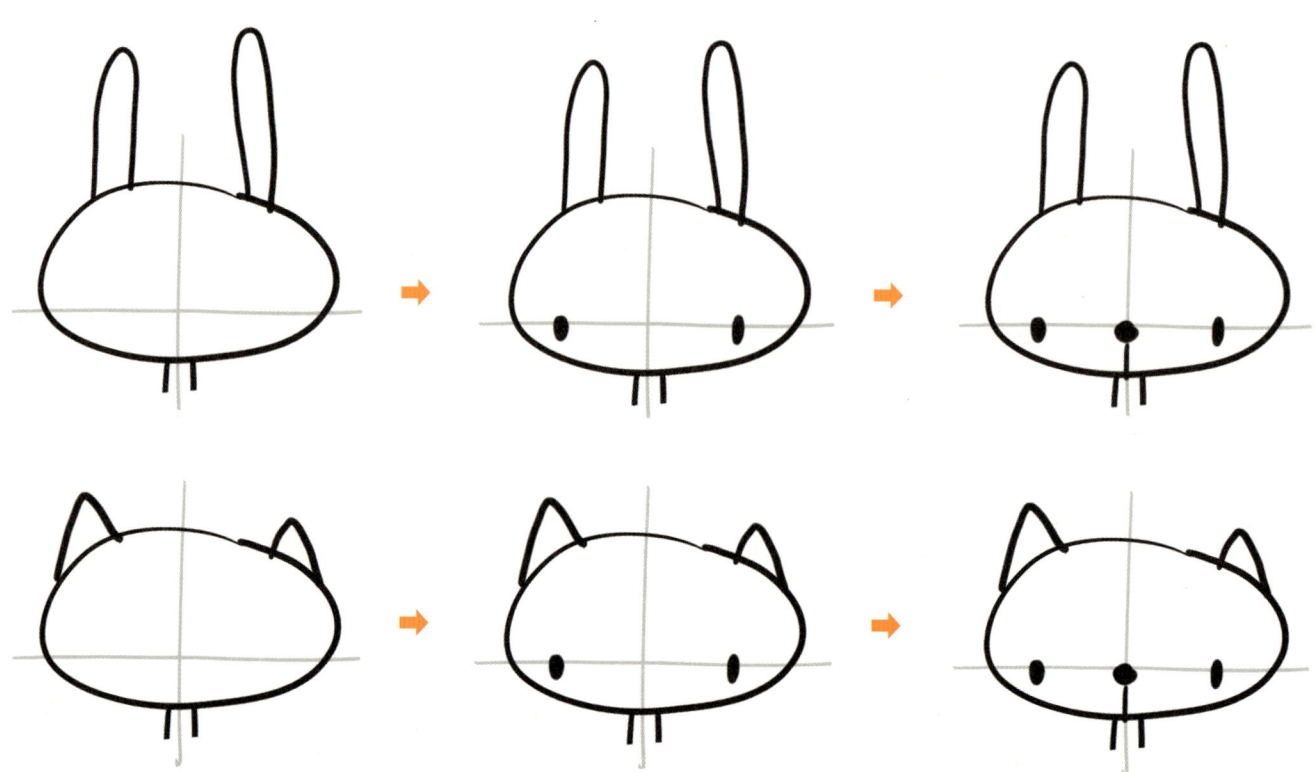

9) '나나'와 '폴' 아래 시선 빗면(좌우) 그리기

살짝 고개를 돌린 채 아래쪽을 보고 있을 때의 그림입니다. 십자선의 가로선은 아래쪽에, 세로선은 왼쪽과 오른쪽에 옵니다.

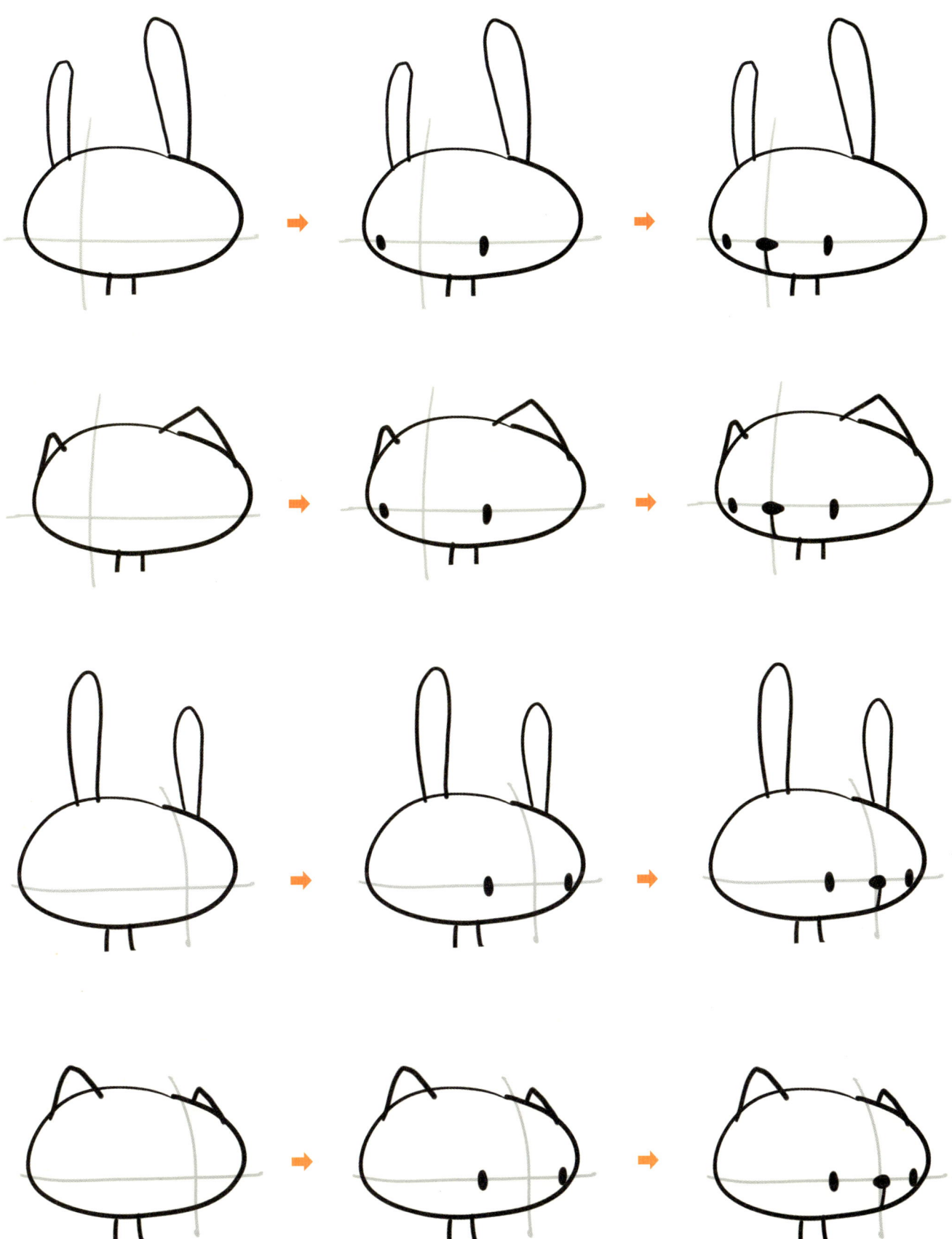

10) '나나'와 '폴' 아래 시선 옆면(우) 그리기

나나와 폴이 자신들의 왼손 쪽으로 고개를 완전히 돌린 채 아래쪽을 보고 있을 때의 그림입니다. 얼굴의 오른쪽 반만 보입니다.

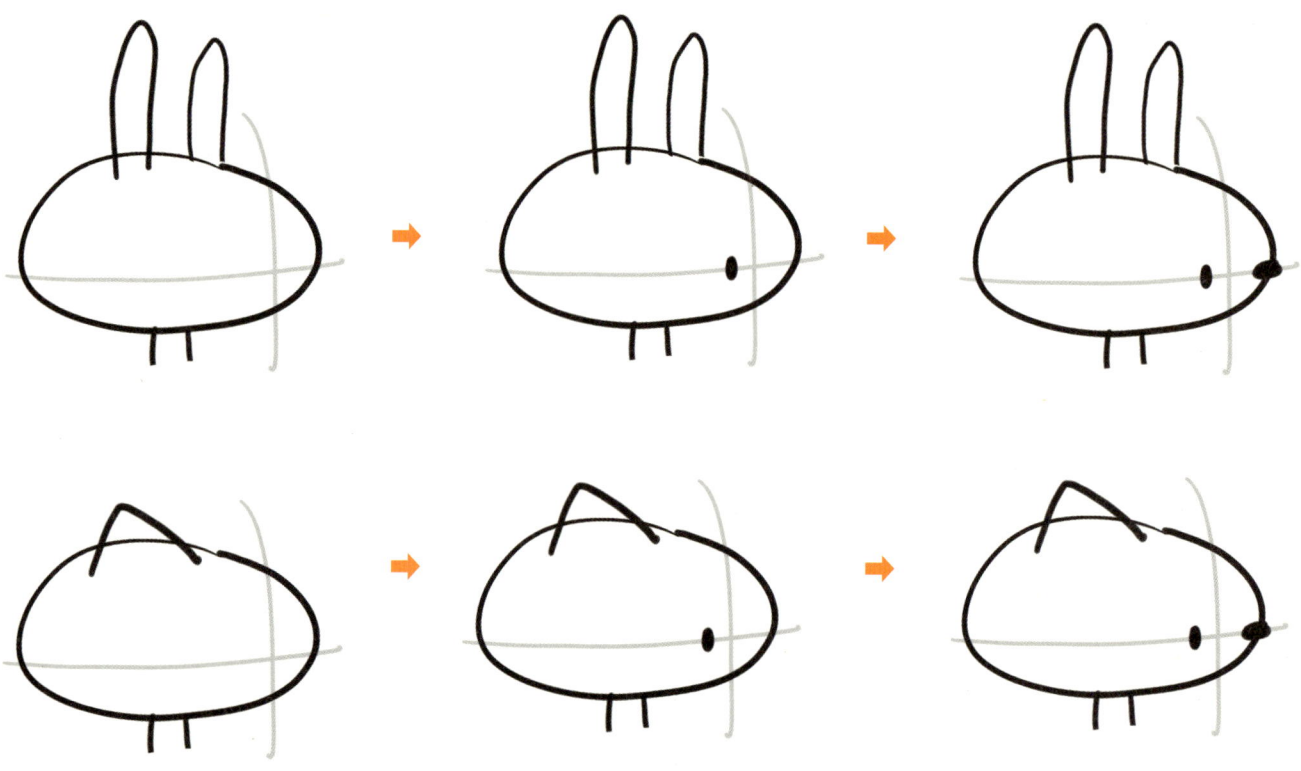

3. 드로잉 기본 스킬 배우기

1) 연필

드로잉 도구 중 하나인 연필은 길쭉한 나무 대 안에 흑연이 들어 있어 검은색으로 표현할 수 있습니다. 비슷한 도구로 목탄과 콩테가 있으며, 수정 도구로 지우개가 있습니다.

2) 색연필

색연필은 색칠 도구 중 하나입니다. 연필처럼 나무 또는 플라스틱 대에 기다란 여러 가지 색상의 심이 들어 있어 원하는 색을 표현할 수 있습니다. 유성과 수성이 있으며, 주로 종이에 사용합니다. 수정이 쉽지 않으므로 조심하여 사용합니다.

3) 물감

물을 들이는 물질이나 안료 등을 통틀어 이르는 말로, 종이나 천에 사용할 수 있으며 물, 오일 등을 섞어 사용합니다.

4) 마커펜

마커펜은 필기도구이자 드로잉 도구입니다. 마커펜은 잉크 성분에 따라 수성 마커펜과 유성 마커펜으로 나눌 수 있습니다. 수성 마커펜은 필기감이 부드럽지만 내수성이 약하고, 유성 마커펜은 점착력이 좋으며 내수성이 강하지만 빨리 건조됩니다.

4. 예쁜 손글씨 배우기

팬시 아트에서 글씨는 책에 있는 글자와는 달리 그림에 더 가깝다고 할 수 있습니다. 그래서 팬시 아트에서는 글씨 또한 아주 중요한 디자인적 요소로서 역할을 하고 있습니다. 여기에서는 귀여운 글씨, 비뚤비뚤한 손글씨, 두툼한 입체 글씨 등을 예쁜 이미지와 함께 소개합니다. 똑같이 따라 쓰고 쓰는 방법을 잘 익혀 예쁜 글씨를 쓸 수 있도록 노력합니다. 그러면 어느덧 나만의 예쁜 손글씨가 생길 것입니다.

행복합니다.   감사해요.

친구에게   생일을 축하해!

Hello ~♥   Good day ☺

Book 📖   Cup ☕   Note 📓

오늘 해야 할 일!   추카추카 😁

너무 보고싶엉

야자!   좋아해용!

생일 축하해움

사랑해 　 치사뽕

고마워 　 화났어

미안해 　 good

너뿐야 　 Bad

Special 축하해~

Theory

OOPS! Diary

Think Hello-

캄사욤- 아파요

mom 기분좋앙

  상담실 프로그램

신나는 '글로벌' 역사문화 탐방 2차

5. 스탬프 아트용 조각도 사용법 배우기

1) 세모칼 : 가늘고 예리한 선을 팔 때 사용합니다. 좁은 세부를 깎을 때 좋습니다.

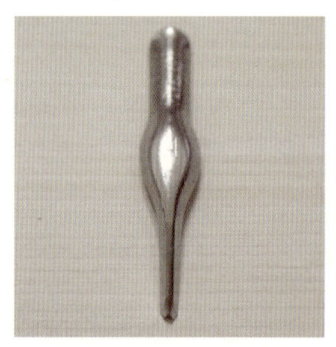  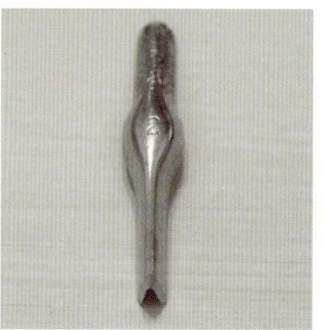 

2) 둥근칼 : 굵고 부드러운 선을 팔 때 사용합니다. 넓은 바닥 면을 깎을 때 좋습니다.

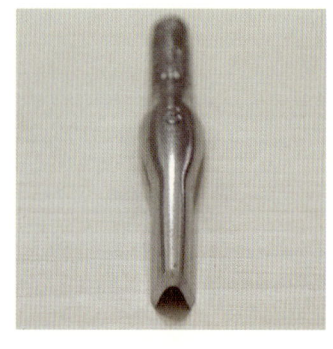  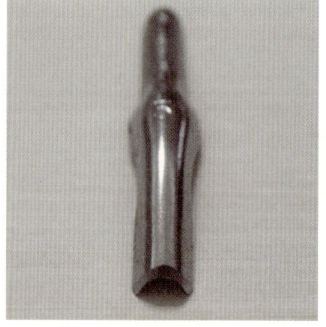 

6. 바느질 기본 스킬 배우기

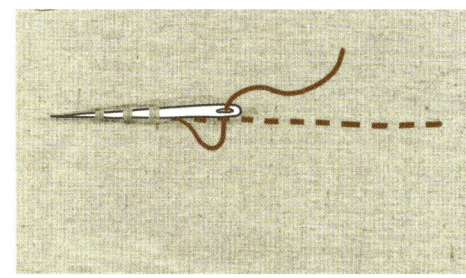

1) 홈질

기본적인 바느질로, 솔기를 꿰매거나 개더를 만들 때 사용하는 방법입니다. 바늘땀과 빈 공간을 같은 길이로 하여 앞면과 뒷면에 같은 모양의 땀이 나타납니다.

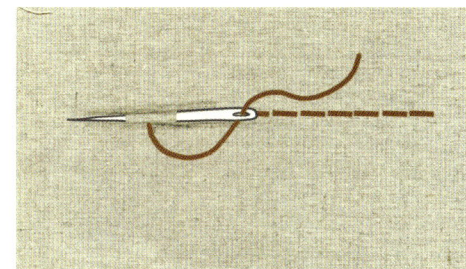

2) 박음질

손바느질 중 가장 튼튼한 방법으로, 재봉틀로 박는 것과 같은 모양의 바늘땀이 나타납니다. 바늘땀을 되돌려 다시 뜨는 방법으로 공간 없이 실 땀으로 이어지며 온박음질이라고도 합니다.

3) 감침질

밑단 부분이나 안감을 겉감에 고정시킬 때, 지퍼의 안감을 겉감에 고정시킬 때 많이 사용합니다. 옷의 안쪽에 사선의 감침질 실이 나타나고 겉쪽에 바늘땀이 보이지 않도록 합니다.

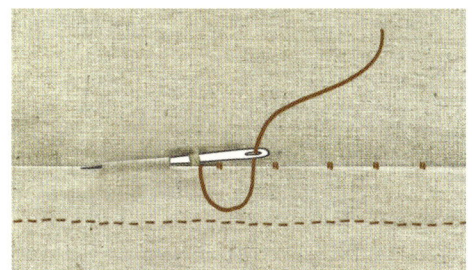

4) 공그르기

스커트, 슬랙스, 소매 등의 밑단에 많이 쓰는 바느질 방법입니다. 단을 접어서 다린 후 겉감에 바늘땀이 거의 나타나지 않게 하고 접힌 단 쪽으로 길게 뜹니다.

5) 새발뜨기

두꺼운 옷감의 단 부분이나 뒤트임 부분에 많이 사용하는 바느질 방법입니다. 쉽게 뜯어지는 것을 방지하는 튼튼한 바느질 방법이며 장식적인 효과도 있습니다.

CHAPTER 2.
데코 팬시 아트 배우기 (1) — 드로잉 아트

Basic Lessons. 라벨지로 네임 스티커 만들기

- **수업 적정 연령 및 수업 시간** : 초등학생 이상, 1시간
- **재료 및 도구** : 라벨지(16칸, 96칸), 네임펜, 색연필, 펜
- **수업 진행 포인트** : 간단한 캐릭터를 그리고 예쁘게 글씨를 쓸 수 있도록 합니다. 여러 가지 테두리를 꾸미며 디자인 감각을 익힙니다.

Basic Lessons

Point

01. 96칸 라벨지 1칸 안에 동그란 얼굴과 가는 목을 그립니다.
02. 얼굴 위에 분홍색 리본을 그립니다.
03. 목을 노란색으로 칠합니다.
04. 라벨지 외곽에 연두색 도트 무늬를 그립니다.

  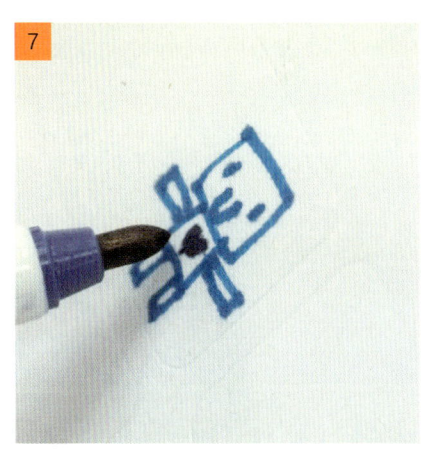

05. 캐릭터 오른쪽에 적당한 글을 씁니다.
06. 96칸 라벨지 1칸 안에 로봇 캐릭터를 그립니다.
07. 로봇 캐릭터의 가슴에 하트를 그립니다.
08. 파란색의 보색인 주황색으로 눈에 띄게 외곽선을 그립니다.

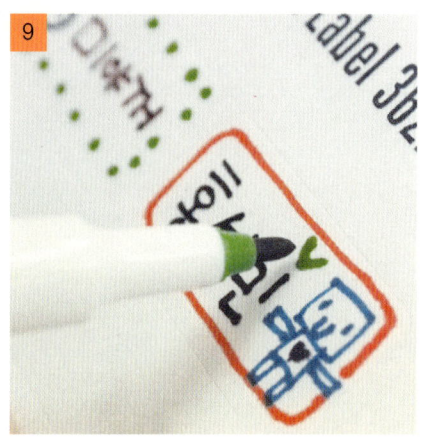  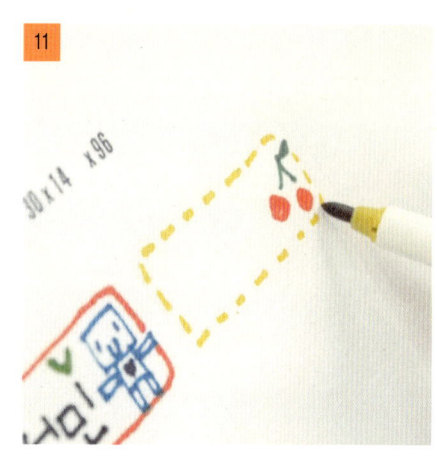

09. 이름 등 적당한 글을 쓴 후 포인트로 연두색 하트를 그립니다.
10. 앵두의 열매를 주황색 네임펜으로 그린 후 줄기와 잎을 연두색 네임펜으로 그립니다.
11. 노란색 네임펜으로 스티치 모양의 외곽선을 그립니다.
12. 외곽선 안에 적당한 글을 씁니다.

13. 네임 스티커를 연필이나 색연필 등에 붙입니다.
14. 16칸 라벨지 1칸 안에 연두색 네임펜으로 절취선 안쪽으로 테두리 선을 그립니다.
15. 절취선과 테두리 선 사이에 연두색 네임펜으로 굵은 스티치를 그립니다.
16. 검은색 네임펜으로 토끼의 얼굴을 그립니다.

Basic Lessons

17. 분홍색 네임펜으로 토끼의 볼과 귀를 꾸밉니다.
18. 토끼와 잘 어울리는 당근을 오른쪽에 검은색 네임펜으로 그립니다. 이때 토끼보다 약간 작게 그리는 것이 좋습니다.
19. 네임펜으로 당근을 색칠합니다.
20. 네임펜으로 학교, 학년 등을 씁니다.

Point

21. 이름 쓰는 부분에는 적당한 모양의 도형을 그리고 색칠합니다.
22. 이름 쓰는 부분을 노란색 색연필로 색칠합니다.
23. 검은색 네임펜으로 이름 또는 별명을 씁니다.
24. 네임 스티커를 공책이나 책 등에 붙입니다.

Applied Lessons 1. 라벨지로 다이어리 스티커 만들기

- **수업 적정 연령 및 수업 시간** : 초등학생 이상, 1시간

- **재료 및 도구** : 마커펜, 형광펜, 색연필, 사인펜, 유성펜, 가위, 피스칼, 라벨지(1칸, A4), 먹지, 커팅 보드, 다이어리

- **수업 진행 포인트** : 예쁜 소품들과 캐릭터들을 라벨지에 꾸며서 스티커를 만들어 봅니다. 여러 가지 채색 도구의 사용 방법을 익힙니다. 데코 디자인을 익힙니다.

Applied Lessons

01. 도안의 이미지를 먹지를 이용해 라벨지에 옮겨 그린 후 유성펜으로 선을 따라 그립니다.(부록 198쪽 참고)
02. 색연필로 캐릭터에 색을 칠합니다. 살구색으로 얼굴을 색칠하는데, 이때 연한색부터 칠합니다.
03. 갈색 또는 검은색 색연필로 머리카락을 칠합니다. 이때 포인트는 엉성한 듯 자연스럽게 칠하는 것입니다. 너무 꼼꼼하게 칠할 필요는 없습니다.
04. 글씨에도 포인트가 되는 노란색 색연필로 칠합니다.

05. 나머지 글씨와 이미지를 같은 방법으로 예쁘게 색칠합니다.
06. 구두를 마커펜이나 사인펜으로 칠합니다. 색연필과는 달리 투명하게 겹치는 효과가 납니다.
07. 구두를 분홍색으로 칠하고 리본을 민트색으로 칠합니다.
08. 구두 바닥은 노란색으로 칠합니다.

09. 글씨는 라임색으로 칠합니다. 색이 라인 밖으로 살짝 나가 자연스럽게 색칠하는 것도 좋습니다.

10. 포인트 부분은 하늘색으로 칠합니다.

11. 진한 색으로 명암을 표현합니다.

12. 형광펜으로 색을 칠합니다. 토끼의 마스크에 도트 무늬로 포인트를 줍니다.

13. 리본은 노란색 형광펜으로 칠합니다.
14. 귀와 볼을 분홍색 형광펜으로 칠합니다.
15. 캐릭터와 글씨를 가위로 오립니다.
16. 피스칼로 캐릭터 모양을 따라 세밀하게 도려냅니다.

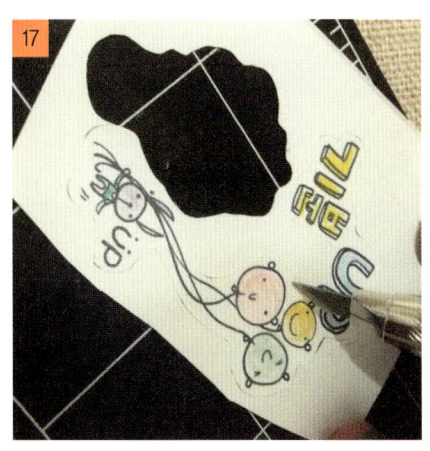  

17. 피스칼로 글씨와 풍선을 도려냅니다.
18. 함께 구성된 글씨나 그림은 따로 오리거나 이어서 오려 자유롭게 배치할 수 있도록 합니다.
19. 단순한 그림은 가위로 오립니다.
20. 1칸 라벨지는 모서리 부분부터 천천히 떼어 냅니다.

21. 다이어리를 꾸며 보겠습니다. 글씨 스티커를 기울어지게 붙입니다.
22. 펜으로 그림 스티커에 포인트를 줍니다.
23. 펜으로 직접 글을 써서 다이어리를 나만의 스타일로 꾸밀 수 있습니다.

Applied Lessons 2. 라벨지로 리폼 데코 꽃병 만들기

- **수업 적정 연령 및 수업 시간** : 초등학생 이상, 1시간

- **재료 및 도구** : 유리병, 두꺼운 종이, 레이스, 마 끈, 크라프트지, 가위, 유성펜, 타공기, 라벨지(1칸, A4), 매니큐어(노란색, 민트색, 분홍색), 음료수 병뚜껑

- **수업 진행 포인트** : 재활용 수업에 좋은 아이템으로, 누구나 쉽게 배울 수 있습니다. 자유롭게 데코 작업을 할 수 있도록 가르치는 것이 포인트입니다.

Applied Lessons

Point

01. 타공기가 들어갈 수 있을 만큼 라벨지를 가위로 오립니다. 이때 병의 크기와 도트의 수를 대강 계산하여 오립니다.
02. 타공기 받침을 떼어 내고 뒤집어 타공 위치를 잡은 뒤 구멍을 뚫습니다. 타공기 받침을 떼어 내면 타공 위치를 쉽게 잡을 수 있습니다.
03. 타공한 라벨 접착 보호지를 떼어 냅니다.
04. 라벨지 한쪽 부분을 조금 접어 붙입니다.

Point

05. 라벨지를 유리병에 붙입니다. 이때 도트 무늬가 잘 나올 수 있도록 간격을 유지하며 붙입니다.
06. 노란색 매니큐어를 타공 라벨 스티커에 칠합니다.
07. 민트색과 분홍색을 칠합니다. 이것 또한 간격을 두고 칠합니다.
08. 칠한 매니큐어가 마르면 한 번 더 칠하여 색을 선명하게 합니다. 2~3번 칠하면 더욱 선명해집니다.

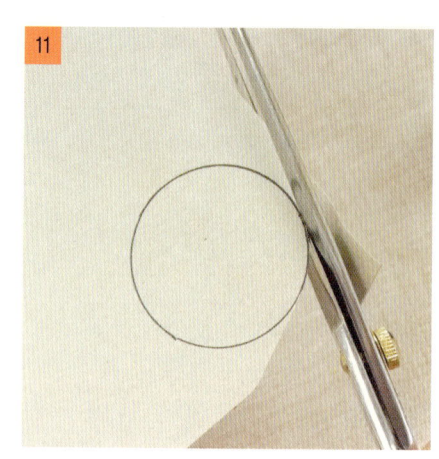

09. 매니큐어가 마를 때까지 크라프트지로 태그를 만듭니다. 얇은 크라프트지와 두꺼운 종이 2가지를 준비합니다.
10. 두꺼운 종이에 음료수 병뚜껑을 대고 원을 그립니다.
11. 그린 원을 가위로 오립니다.
12. 오린 동그란 두꺼운 종이를 크라프트지에 대고 가위로 오립니다.

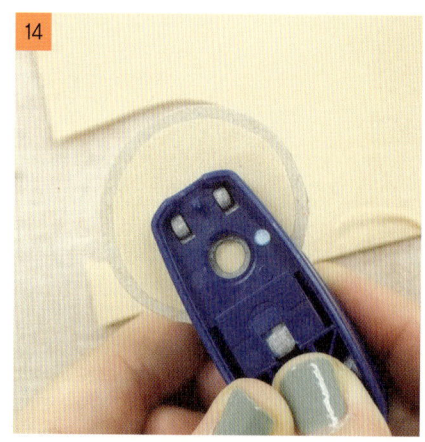

13. 크라프트지를 조금 더 안쪽으로 들여 오립니다.
14. 크기가 다른 원형 태그를 만들었습니다. 2개의 태그를 겹쳐 구멍을 뚫습니다.
15. 민트색 매니큐어로 3번 찍어 꽃잎을 그립니다.
16. 노란색 매니큐어로 하나 더 그립니다.

Applied Lessons

Point

17. 유성펜으로 가지를 그립니다.
18. 유성펜으로 'Rose' 라고 씁니다.
19. 라벨지를 뗍니다. 이때 라벨지에 붙어 있는 매니큐어까지 떨어질 수 있으므로 조심스럽게 뗍니다.
20. 도트 무늬가 새겨져 있는 유리병에 레이스를 감습니다.

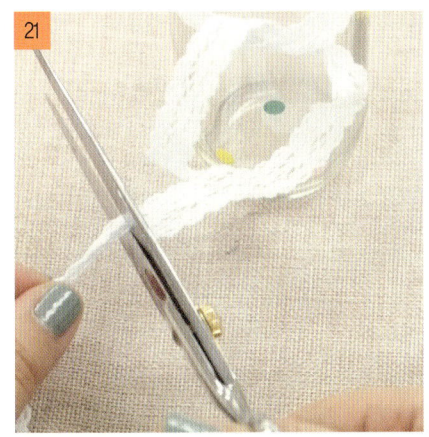  

21. 태그를 달기 위해 한쪽 길이를 더 길게 자릅니다.
22. 레이스를 만들어 둔 태그 구멍에 끼웁니다.
23. 태그를 끼운 채 레이스를 묶습니다.
24. 꽃병을 걸기 위해 준비한 마 끈을 꽃병 주둥이에 돌려 묶으면 걸이용 꽃병이 완성됩니다.

Applied Lessons 3. 라벨지로 캐릭터 운동화 만들기

- **수업 적정 연령 및 수업 시간** : 초등학생 5학년 이상, 2시간

- **재료 및 도구** : 운동화, 라벨지(1칸, A4), 가위, 스펀지, 아크릴 물감, 붓, 종이컵, 포일, 반짝이 아크릴 물감(펄색), 피스칼, 커팅 보드, 연필, 드라이어

- **수업 진행 포인트** : 신발을 나만의 귀여운 캐릭터로 꾸밉니다. '봉제 인형 '나나'와 '폴' 만들기' 수업 내용을 응용한 작품입니다. 아크릴 물감 채색법을 익히고 반짝이 풀로 데코하는 방법을 익힙니다.

Applied Lessons

Point

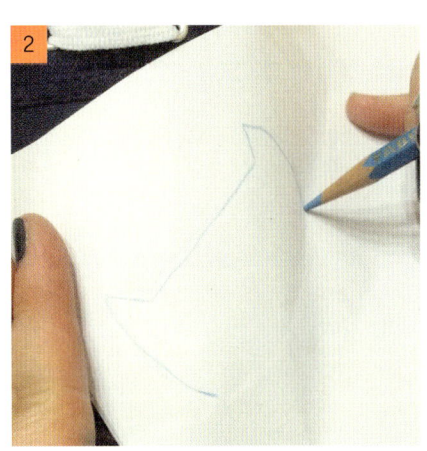

01. 라벨지를 운동화 위에 올리고 운동화 굽의 곡선 부분을 손톱으로 눌러 그림 위치를 잡습니다.
02. 그림 위치를 잡은 다음 그 위치에 캐릭터를 스케치합니다. 이 책에서는 '나나' 와 '폴' 을 그렸습니다.(부록 205쪽 참고)
03. 라벨지의 스케치를 또렷하게 정리합니다.
04. 스케치한 캐릭터를 커팅 보드 위에 올리고 피스칼로 오립니다.

05. 다른 쪽 운동화 캐릭터도 동일한 방법으로 스케치한 후 피스칼로 오립니다.
06. 운동화에 붙일 수 있도록 라벨지를 가위로 오립니다.
07. 캐릭터 부분이 뚫린 라벨지를 운동화 위에 붙입니다. 운동화 굽 곡선을 기준으로 붙이면 쉽게 붙일 수 있습니다.
08. 다른 쪽 운동화도 위와 같은 방법으로 붙입니다.

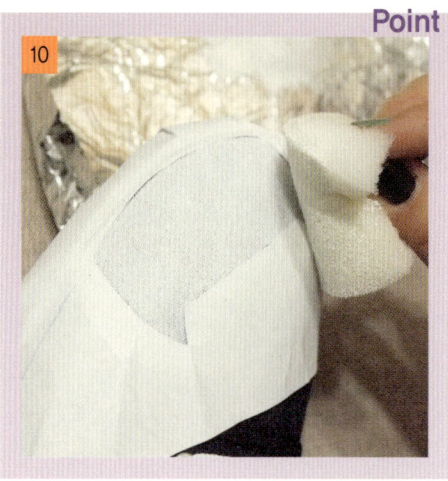
Point
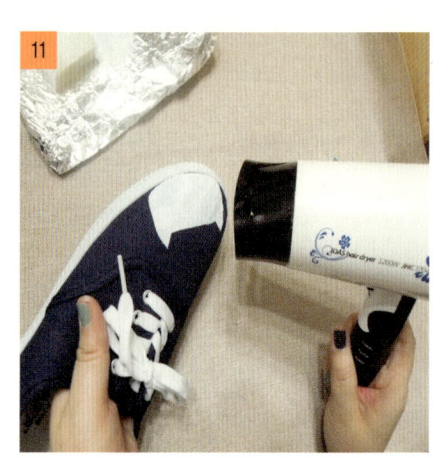

09. 흰색 아크릴 물감을 포일에 덥니다.
10. 스펀지를 이용하여 구멍 뚫린 부분에 아크릴 물감을 여러 번 찍습니다.
11. 드라이어를 이용하여 아크릴 물감을 빨리 말립니다.
12. 아크릴 물감이 다 마르면 캐릭터 위에 분홍색 아크릴 물감으로 고양이 볼 터치를 그립니다. 이때 흰색 아크릴 물감이 완전히 마른 후 분홍색 아크릴 물감으로 볼 터치를 그립니다.(CHAPTER 5. Basic Lessons 참고)

13. 토끼의 볼 터치와 귀를 분홍색 아크릴 물감으로 칠합니다.
14. 고양이의 귀를 분홍색 아크릴 물감으로 칠합니다.
15. 하늘색 아크릴 물감으로 고양이 머리 위에 물고기를 그립니다.
16. 토끼 옆에 오렌지색으로 당근을 그립니다.

Applied Lessons

17. 민트색 아크릴 물감으로 당근 줄기를 그립니다.
18. 검은색 아크릴 물감으로 고양이의 눈, 코, 입을 그립니다.
19. 토끼의 눈, 코, 입을 그립니다.
20. 검은색 아크릴 물감으로 당근을 정리합니다.

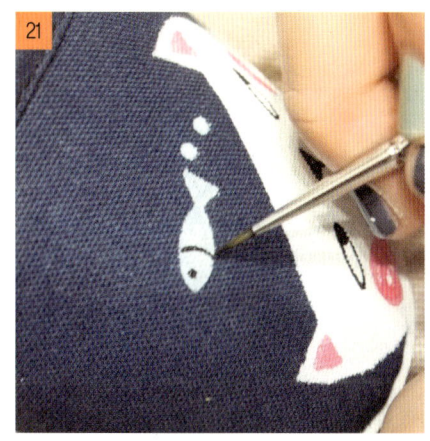  

Point

21. 검은색 아크릴 물감으로 물고기를 정리합니다.
22. 모든 그림이 마르면 반짝이 아크릴 물감으로 볼에 포인트를 그립니다.
23. 은색 반짝이 아크릴 물감으로 운동화 앞부분에 도트 무늬를 넣습니다.

Applied Lessons 4. 크리스마스 인테리어 소품 만들기

- **수업 적정 연령 및 수업 시간** : 초등 학생 이상, 1시간

- **재료 및 도구** : 아크릴 물감(검은색, 흰색, 빨간색), 포일, 세필붓 2호 3개, 물컵 3개, 노끈, 은색 끈, 리본 끈(금색, 은색), 나무집게, 양면테이프, 하트 태그, 펠트 소품(트리, 별, 눈), 플라스틱 소품(산타클로스, 눈사람), 글루건, 가위, 리본, 셀로판 별

- **수업 진행 포인트** : 간단한 반제 소품을 이용하여 예쁜 데코 디자이너가 되어 봅니다. 저학년은 글루건 대신 양면테이프를 이용하여 붙입니다.

Applied Lessons

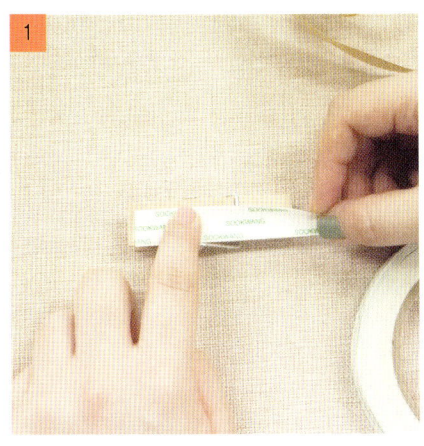  

Point

01. 나무집게에 양면테이프를 붙입니다.
02. 금색 리본 끈을 양면테이프를 붙인 나무집게 앞뒤에 붙입니다.
03. 은색 리본 끈을 양면테이프를 붙인 나무집게 앞뒤에 붙입니다.
04. 펠트 트리 소품에 글루건을 쏩니다. 저학년 수업에서는 양면테이프를 작게 잘라 붙입니다.

  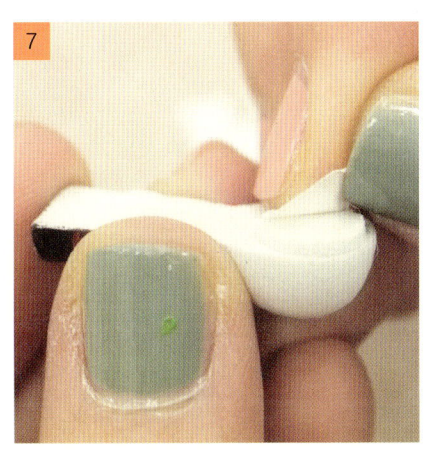

05. 큰 펠트 트리 소품과 작은 펠트 트리 소품을 붙입니다.
06. 펠트 별 소품에 글루건을 쏘아 붙입니다.
07. 눈사람 소품에 붙어 있는 양면테이프를 뗍니다.
08. 눈사람 소품을 눈 모양 펠트에 붙입니다.

09. 흰색 아크릴 물감으로 펠트 트리 소품에 눈과 입을 그립니다.
10. 나무집게에 펠트 소품들을 올려 봅니다. 이때 리본 끈 색과 소품 색이 잘 어울리도록 합니다.
11. 펠트 소품에 글루건을 쏘아 나무 집게에 붙입니다.
12. 양면테이프가 붙어 있는 산타클로스는 양면테이프 보호지를 뗀 뒤 나무집게에 붙입니다.

13. 소품과 함께 꾸밀 리본을 매듭짓습니다.
14. 산타클로스와 눈사람을 붙인 집게에 리본을 붙입니다.
15. 집게를 걸 노끈을 준비하여 적당한 길이로 자릅니다.
16. 데코할 하트 태그 위에 붙일 별 모양 반짝이에 글루건을 쏩니다.

Applied Lessons

Point

17. 하트 태그 위에 별 모양 반짝이를 붙입니다. 살짝 눌러 글루가 밖으로 나오지 않도록 합니다.
18. 검은색 아크릴 물감과 빨간색 아크릴 물감으로 하트 태그에 글을 씁니다.
19. 아크릴 물감으로 아이콘을 그립니다.
20. 하트 구멍에 은색 끈을 엮습니다.

21. 은색 끈 끝을 매듭짓습니다.
22. 노끈 끝이 풀리지 않도록 매듭짓습니다.
23. 노끈에 만들어 놓은 나무 집게 소품과 하트 태그를 끼웁니다.
24. 나무 집게에 다른 소품을 달면 더 멋진 장식 용품이 완성됩니다.

Applied Lessons 5. 나만의 캐릭터 머그컵 만들기

- **수업 적정 연령 및 수업 시간** : 초등학생 3학년 이상, 1시간
- **재료 및 도구** : 전사용 머그컵, 전사용 색연필, 커팅 보드, 자, 핀셋, 연필, 열 테이프, 커터칼, A4 용지, 머그컵 전사기
- **수업 진행 포인트** : 머그컵에 캐릭터를 그려 나만의 컵을 만들 수 있습니다. 체험 학습용으로도 인기가 많은 아이템입니다. 머그컵 전사기는 안전을 위해 선생님이 직접 조작합니다. 내 얼굴 캐리커처를 그려 넣어도 좋습니다.

Applied Lessons

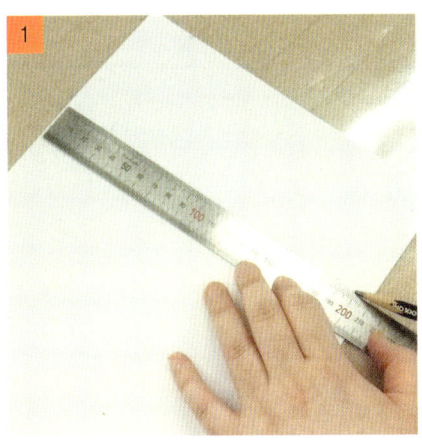 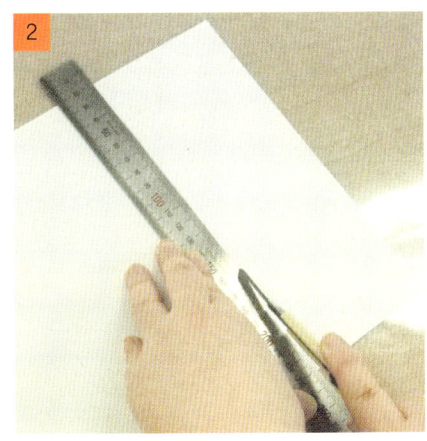 

01. A4 용지에 자를 대고 머그컵에 맞게 연필로 선을 긋습니다.
02. 연필로 그은 선을 따라 커터칼로 오립니다.
03. 전사용 색연필로 캐릭터를 그립니다.(부록 200쪽 참고)
04. 전사용 색연필로 색칠합니다.

Point

05. 미야의 얼굴에 색칠하고 나나와 폴의 볼 터치를 그립니다.
06. 눈, 코, 입을 그립니다.
07. 캐릭터의 이름을 씁니다. 이때 이름은 좌우 반대 방향으로 써야 전사되었을 때 바르게 나옵니다.
08. 캐릭터 주변을 예쁘게 꾸밉니다.

  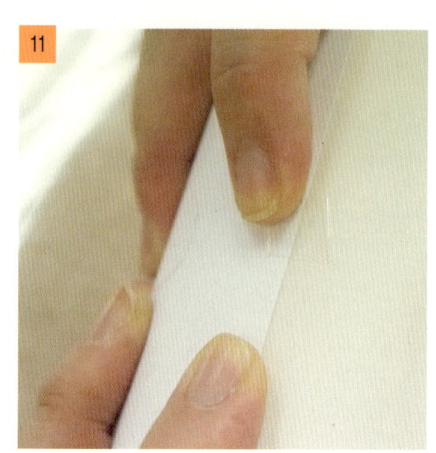

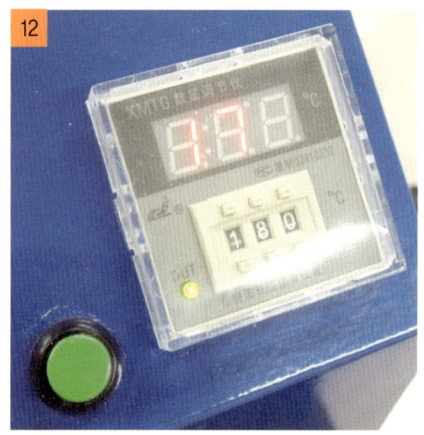

09. 종이에 그림을 다 그린 뒤 전사용 머그컵에 붙일 위치를 잡습니다.
10. 그림 위치는 머그컵의 정면에 오도록 합니다.
11. 위치를 고정시키기 위해 열 테이프를 붙입니다.
12. 머그컵 전사기의 온도가 181도가 될 때까지 기다립니다.

 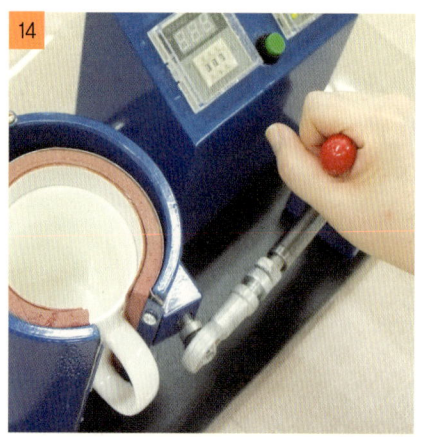 

13. 종이를 붙인 머그컵을 전사기에 넣습니다.
14. 압축 레버를 오른쪽으로 당겨 밀착시킵니다.
15. 시작 버튼을 누릅니다.
16. 약 3분 후 종료 소리가 나면 녹색 버튼을 누릅니다.

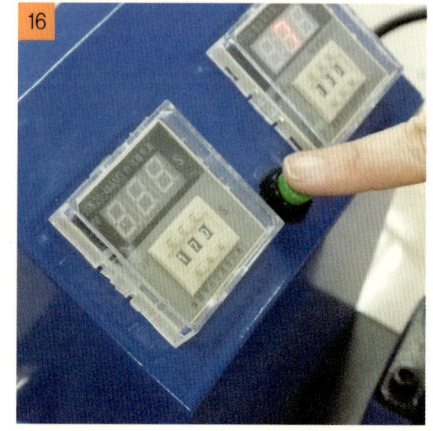

Applied Lessons

Point

  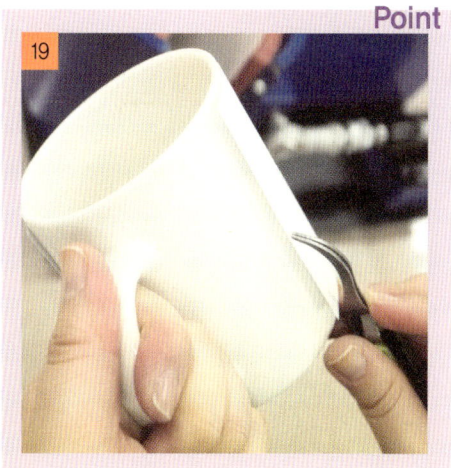

17. 압축 레버를 왼쪽으로 당겨 풉니다.
18. 머그컵 중 전사기에 들어 있던 곳은 뜨거우므로 조심해서 꺼냅니다.
19. 열 테이프를 핀셋으로 빨리 뜯어냅니다. 이때 주의할 점은 열 테이프를 빨리 뜯어내야 한다는 것입니다. 그리고 열 테이프를 뜯어낼 때 이미지가 손상될 수 있으므로 조심스럽게 뜯어냅니다.

Applied Lessons 6. **드로잉 핸드폰 케이스 만들기**

- **수업 적정 연령 및 수업 시간** : 초등학생 3학년 이상, 1시간 30분
- **재료 및 도구** : 아크릴 물감, 아크릴 판, 반짝이 물감(펄색), 스펀지, 백붓, 세필붓, 플라스틱 통, 바니쉬, 핸드폰 케이스, 종이컵
- **수업 진행 포인트** : 지금까지 배운 드로잉 실력을 자유롭게 발휘하도록 합니다. 앞으로 패브릭 등에서 쓰일 드로잉 실력을 향상시킬 수 있습니다.

Applied Lessons

01. 아크릴 물감을 아크릴 판에 덜어 준비합니다.
02. 덜어 놓은 아크릴 물감을 스펀지에 묻힙니다.
03. 스펀지로 핸드폰 케이스 뒷면을 톡톡 두드리듯 아크릴 물감을 칠합니다.
04. 아래쪽도 위와 같이 칠해 나갑니다.

Point

05. 옆면을 꼼꼼하게 색칠합니다.
06. 아래쪽까지 전체적인 조화를 생각하며 색칠합니다.
07. 세필붓에 흰색 아크릴 물감을 묻혀 새를 그립니다.
08. 새의 부리와 눈을 그립니다.

09. 검은색 아크릴 물감으로 풀 줄기를 그립니다.
10. 검은색 아크릴 물감으로 잎을 그립니다.
11. 흰색 아크릴 물감으로 반짝이는 별을 그립니다.
12. 흰색 아크릴 물감을 스펀지에 묻혀서 그림의 외곽 쪽을 톡톡 찍듯이 채색하여 몽환적인 느낌을 줍니다.

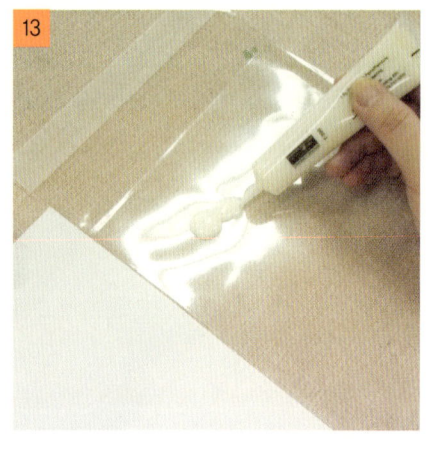

13. 펄색 빤짝이 물감을 덥니다.
14. 스펀지로 펄색 반짝이 물감을 핸드폰 케이스에 색칠합니다.
15. 아크릴 물감과 반짝이 물감이 벗겨지지 않도록 바니쉬를 플라스틱 통에 준비합니다.
16. 백붓에 바니쉬를 발라 전체적으로 펴 바릅니다.

Applied Lessons

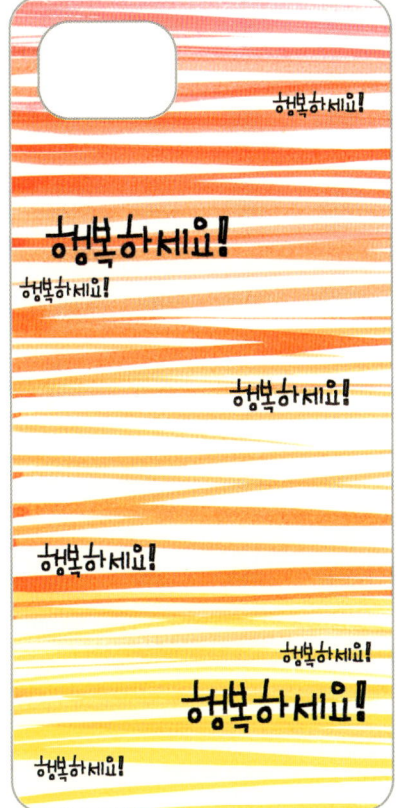

여러 가지 드로잉 핸드폰 케이스

Applied Lessons 7. 드로잉 캔버스 가방 만들기

- **수업 적정 연령 및 수업 시간** : 초등학생 3학년 이상, 1시간
- **재료 및 도구** : 캔버스 가방, 아크릴 물감(검은색, 흰색, 녹색, 파란색), 포일, 세필붓 3호 4개, 물컵 3개
- **수업 진행 포인트** : 아무 무늬도 없는 캔버스 가방을 아크릴 물감으로 예쁘게 꾸밀 수 있습니다. 이 세상에 단 하나밖에 없는 나만의 캔버스 가방을 만들 수 있습니다.

Applied Lessons

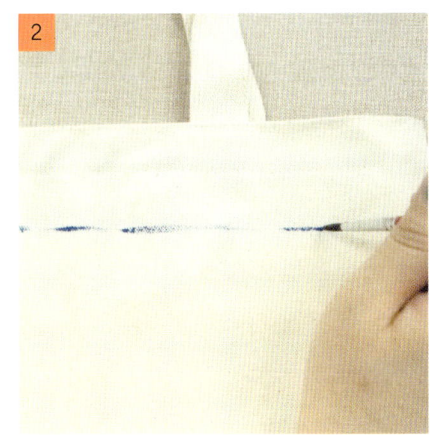
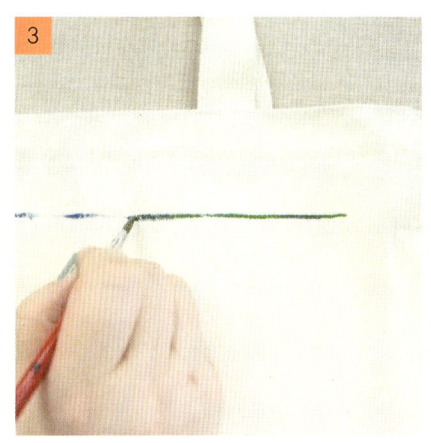

01. 가방 위쪽에 허브를 그리기 위해 포일 위에 파란색 아크릴 물감과 녹색 아크릴 물감을 준비합니다.
02. 파란색 아크릴 물감으로 줄기를 가방 왼쪽에서 오른쪽으로 직선으로 그려 나갑니다.
03. 녹색 아크릴 물감으로 줄기를 가방 오른쪽에서 왼쪽으로 직선으로 그려 나가 02의 선과 맞닿도록 합니다.
04. 중간에서 2가지 색을 자연스럽게 섞습니다.

Point

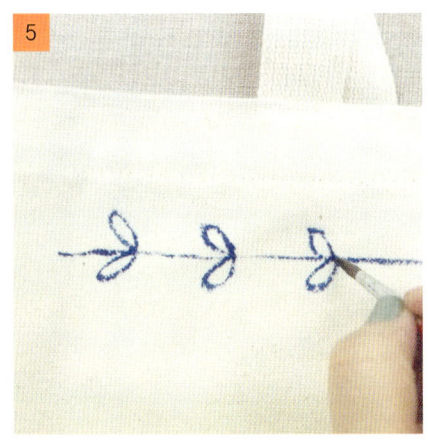

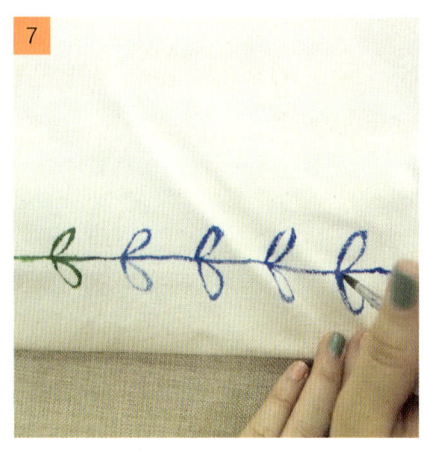

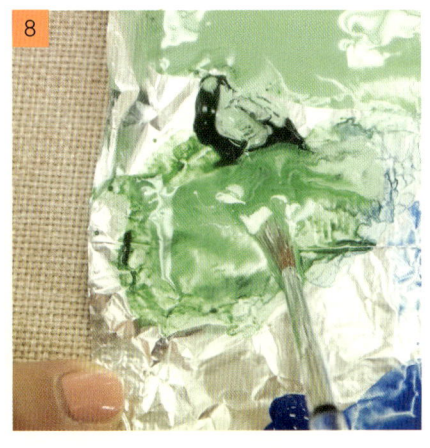

05. 파란색 아크릴 물감으로 파란색 줄기 위에 잎을 그립니다.
06. 파란색 줄기와 잎 오른쪽에 있는 녹색 줄기에 파란색 아크릴 물감으로 잎을 그립니다.
07. 가방 아래쪽에 위와 반대 방향으로 녹색 아크릴 물감으로 녹색 줄기 위에 잎을 그리다가 파란색 아크릴 물감으로 파란색 줄기 위에 잎을 그립니다.
08. 녹색 아크릴 물감에 흰색 아크릴 물감을 섞어 옅은 녹색을 만듭니다.

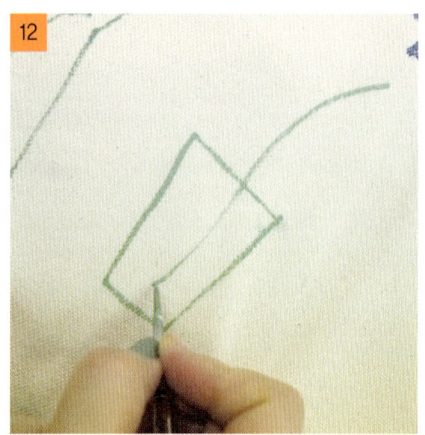

09. 붓으로 가방의 나머지 빈 곳에 그림 그릴 위치를 잡습니다.

10. 적당한 크기로 꽃병을 그린 후 꽃과 줄기를 그립니다.

11. 허브를 그리고 투명한 꽃병 느낌이 나도록 꽃병 안 줄기에 가지를 그립니다.

12. 꽃병 옆에 꽃병보다 작은 컵 하나를 그리고 허브 줄기를 그립니다.

13. 허브 줄기에 잎을 그립니다.

14. 꽃병보다 작은 컵 옆으로 크기가 다른 사각형 3개를 그립니다.

15. 손잡이 등을 그려 컵 모양을 완성합니다.

16. 흰색 아크릴 물감에 물을 섞지 않고 그림 사이에 점을 찍습니다.

Applied Lessons

17. 흰색 아크릴 물감으로 컵에 하트 모양을 그립니다.
18. 캔버스 가방 아래 왼쪽부터 큰 잎을 그리기 시작합니다.
19. 큰 잎 옆으로 휘어져 나간 허브 줄기와 허브 잎을 그립니다.
20. 휘어져 나간 허브 줄기에 꽃과 잎을 그립니다.

Point

21. 꽃 옆에 솔잎처럼 뾰족한 모양의 잎을 그립니다.
22. 빈 공간을 잎으로 채웁니다.
23. 흰색 아크릴 물감에 물을 섞지 않고 그림 사이에 점을 찍습니다.
24. 흰색 아크릴 물감을 검은색 아크릴 물감에 섞어 글자를 씁니다.(부록 200쪽 참고)

했던... 아날로그 문화를
핸드메이드 제품과
엮을 생각하고 느낄수
져 보고자 합니다...

08.12.3. Miya.

2009 CALENDAR

Happy Birthday!

CHAPTER 3.
데코 팬시 아트 배우기 (2) – 스탬프 아트

Basic Lessons. 스탬프 아트 미니 선물 상자 만들기

- 수업 적정 연령 및 수업 시간 : 초등학생 3학년 이상, 1시간

- 재료 및 도구 : 크라프트지, 지우개(12×130mm), 네임펜, 조각도, 커터칼, 뾰족한 칼(피스칼), 커팅 보드, 스탬프 잉크, 면 끈, 연필, 딱풀, 양면테이프, 가위, 면 레이스, 미니 초콜릿, 면 테이프

- 수업 진행 포인트 : 조각도의 기본 사용법을 익힙니다. 조각도, 피스칼, 커터칼 등 위험한 도구를 사용하므로 안전한 사용법을 배웁니다. 여러 가지 데코레이션 방법을 익혀 다채롭게 포장할 수 있습니다.

Basic Lessons

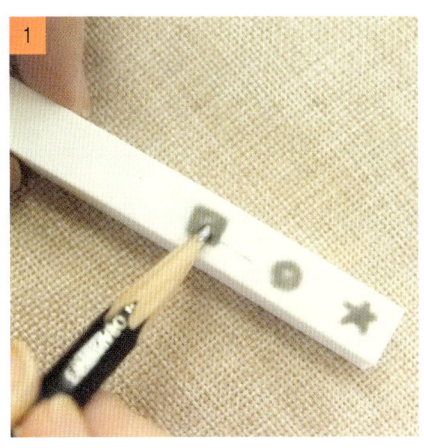 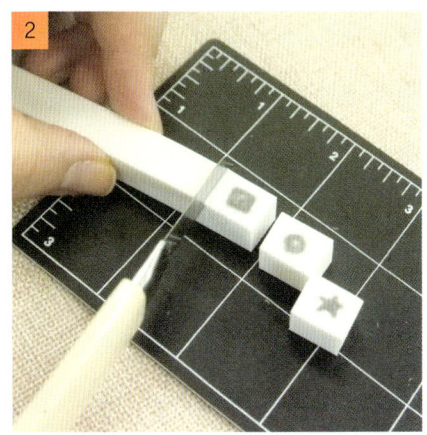 

01. 준비한 지우개에 연필로 여러 가지 도형을 그립니다. (부록 201쪽 참고)
02. 도형을 그린 지우개를 적당한 크기로 자릅니다.
03. 별 모양 스탬프를 만들기 위해 커터칼로 4모서리를 자릅니다.
04. 원통 모양이 되도록 커터칼로 자릅니다.

Point

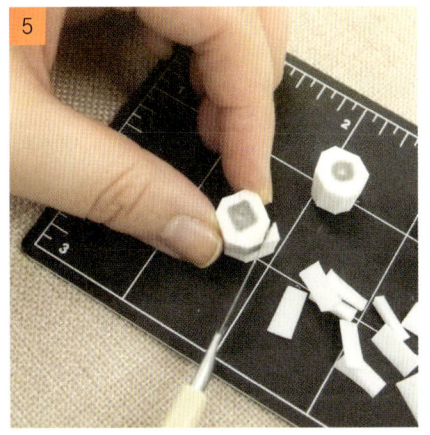 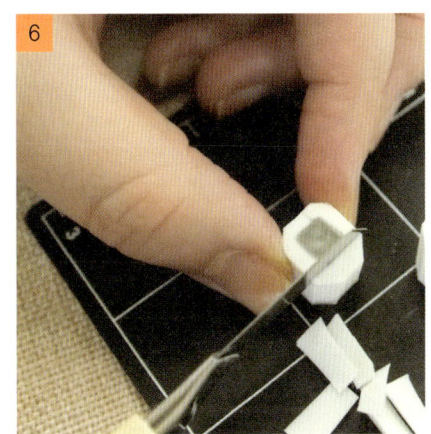 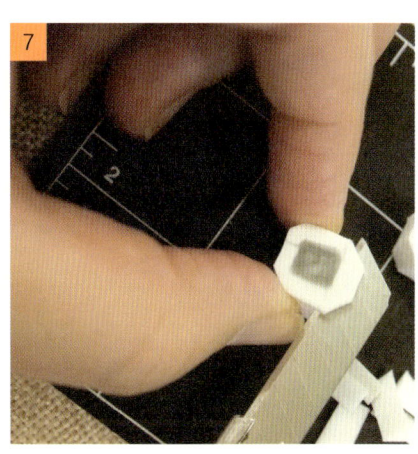

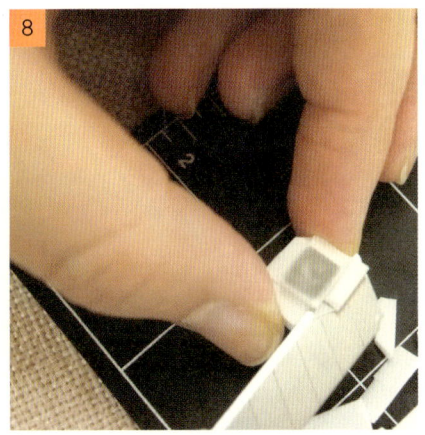

05. 네모 모양 스탬프를 만들기 위해 커터칼로 주변을 자릅니다.
06. 상단 부분을 네모 모양이 되도록 칼집을 냅니다.
07. 상단 부분의 높이가 3mm 정도 되도록 자릅니다.
08. 06~07과 같은 방법으로 4면을 깨끗하게 자릅니다.

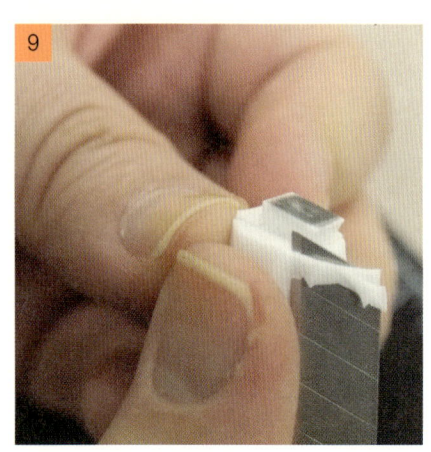 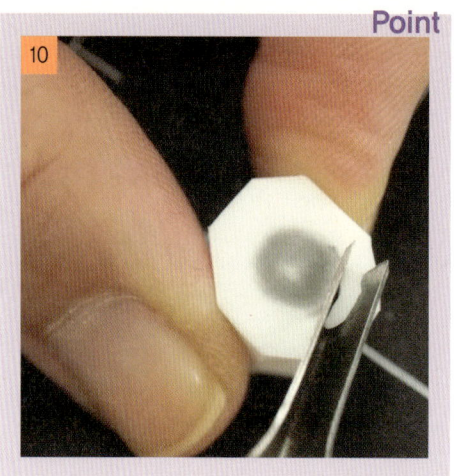 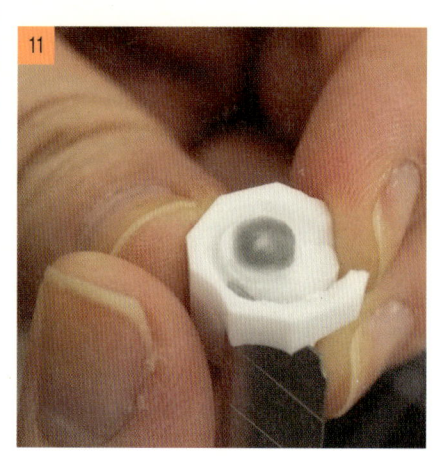

09. 네모 모양만 남기고 옆면을 깨끗하게 돌려 깎습니다.
10. 원 모양을 만들기 위해 조각도로 원 둘레를 먼저 둥글게 파냅니다.
11. 원 모양만 남기고 나머지 부분은 모두 깎습니다.
12. 별 모양은 다른 모양에 비해 조금 더 어렵습니다. 먼저 별 모양을 따라 사선으로 칼집을 냅니다.

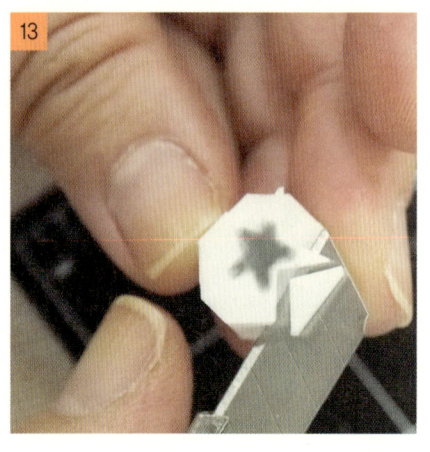 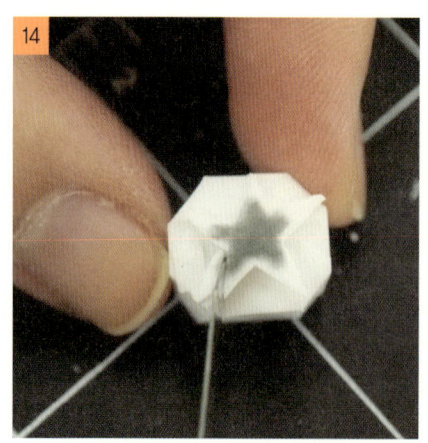 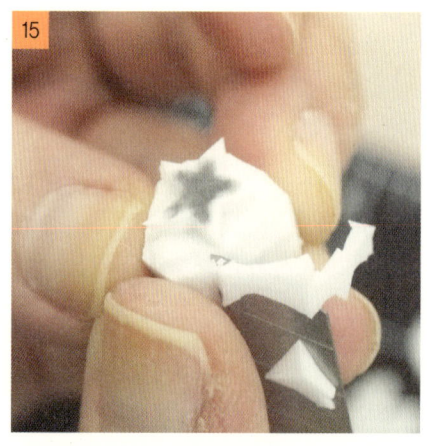

13. 커터칼로 측면을 3mm 두께로 도려냅니다.
14. 도려내고 남은 부분을 깨끗하게 정리합니다.
15. 별 모양만 남겨 둔 채 주변을 깔끔하게 돌려 깎습니다.
16. 원 모양 스탬프 표면에 노란색 스탬프 잉크를 묻힙니다.

Basic Lessons

17. 크라프트지에 도트 무늬 스탬프를 찍습니다.
18. 원 모양 스탬프에 주황색 스탬프 잉크를 묻힙니다.
19. 크라프트지에 도트 무늬 스탬프를 찍습니다.
20. 원 모양 스탬프에 분홍색 잉크를 묻힙니다.

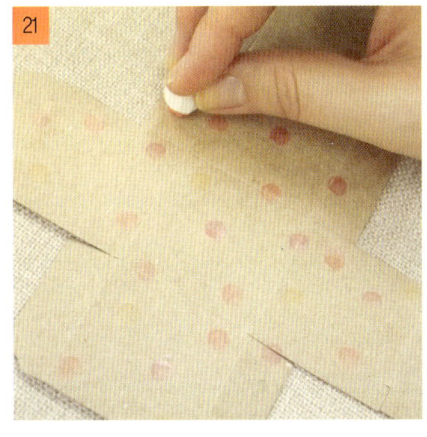  

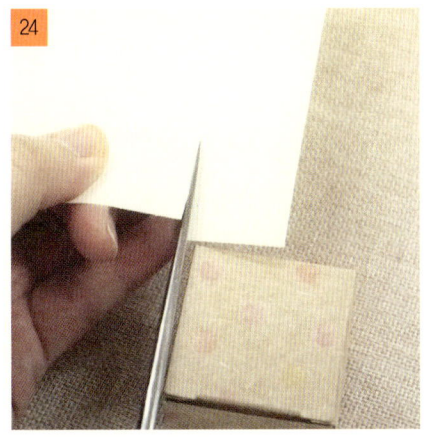

21. 크라프트지에 도트 무늬 스탬프를 찍습니다.
22. 크라프트지 날개 한쪽에 양면테이프를 붙이고 박스를 만듭니다.
23. 크라프트지 박스 안에 미니 초콜릿을 넣고 뚜껑을 닫습니다.
24. 준비한 종이를 크라프트지 박스보다 폭이 좁게 가위로 오립니다.

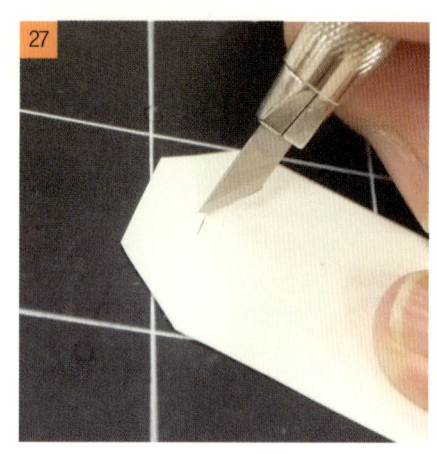

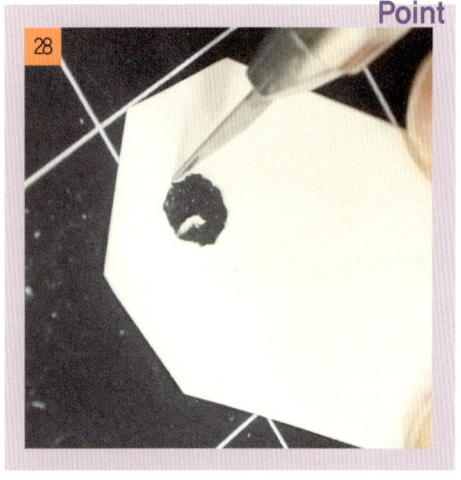

25. 종이 양쪽 위 모서리를 사선으로 잘라 태그 모양을 만듭니다.
26. 타공기가 없을 경우에는 끝이 뾰족한 칼(피스칼)로 가로 직선을 하나 긋습니다. 이 가로 직선이 태그 구멍의 지름이 됩니다.
27. 가로 직선과 같은 길이의 세로 직선을 뾰족한 칼로 긋습니다.
28. 뾰족한 칼로 가로 직선과 세로 직선을 지름으로 하는 원을 뚫었습니다.

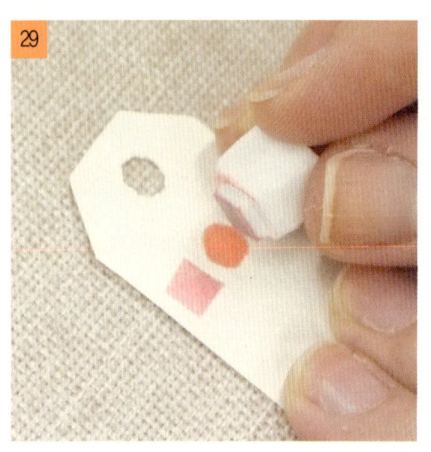

29. 앞에서 만든 도형 스탬프로 태그를 꾸밉니다.
30. 뚫은 구멍 둘레를 주황색 네임펜으로 칠합니다.
31. 도형 아래쪽에 쓰고 싶은 글을 씁니다.
32. 면 끈으로 크라프트지 박스를 묶습니다.

Basic Lessons

33. 면 끈 한쪽을 태그 구멍으로 넣습니다.
34. 면 끈을 한 번 묶습니다.
35. 면 끈을 리본 모양으로 묶습니다.
36. 별 모양 스탬프에 분홍색 잉크를 묻힙니다.

37. 크라프트지 박스에 별 모양 스탬프를 찍습니다.
38. 면 레이스를 박스 한 바퀴 돌릴 수 있을 정도의 길이로 자릅니다.
39. 면 레이스에 딱풀을 바릅니다.
40. 박스의 긴 쪽으로 면 레이스를 붙입니다.

  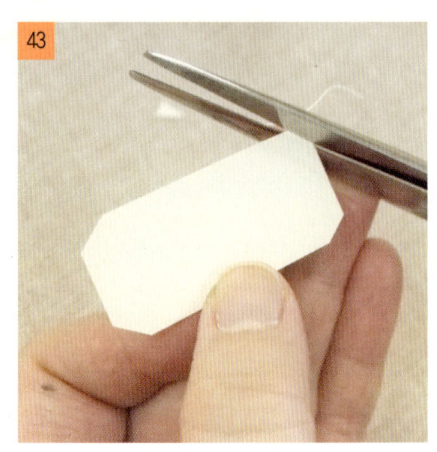

41. 박스 날개 부분에 양면테이프를 붙인 뒤 박스를 접어 붙입니다.
42. 초콜릿 등을 박스에 넣은 후 종이를 박스 위에 올리고 박스보다 작은 직사각형 라벨을 만듭니다.
43. 직사각형 라벨의 4모서리를 사선으로 자릅니다.
44. 빨간색 네임펜으로 라벨 안쪽에 선을 그립니다.

45. 검은색 네임펜으로 라벨 위에 원하는 내용의 글을 씁니다.
46. 라벨 뒤에 양면테이프를 붙인 뒤 크라프트지 박스 앞쪽에 붙입니다.
47. 면 레이스로 크라프트지 박스를 묶습니다.
48. 가위를 이용하여 레이스를 적당한 길이로 자릅니다.

Basic Lessons

미야네 오프라인 매장

Applied Lessons 1. 스탬프 아트 어버이날 감사 엽서 만들기

- **수업 적정 연령 및 수업 시간** : 초등학생 5학년 이상, 1시간~1시간 30분
- **재료 및 도구** : 크라프트지, 지우개(12×130mm 1개, 50×35mm 2개), 네임펜, 스탬프 조각도, 자, 연필, 커터칼, 커팅 보드, 스탬프 잉크
- **수업 진행 포인트** : 지우개를 이용한 스탬프 만들기의 기초를 배웁니다. 스탬프 조각도의 사용 방법을 익힙니다. 아이들이 마음껏 글씨를 쓰며 꾸밀 수 있도록 도와줍니다. 어버이날 또는 스승의날 같은 행사에 맞추어 진행하면 좋습니다.

Applied Lessons

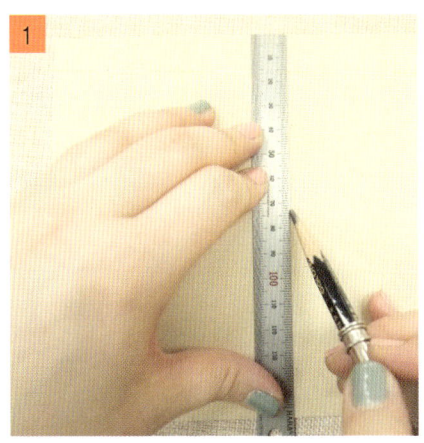  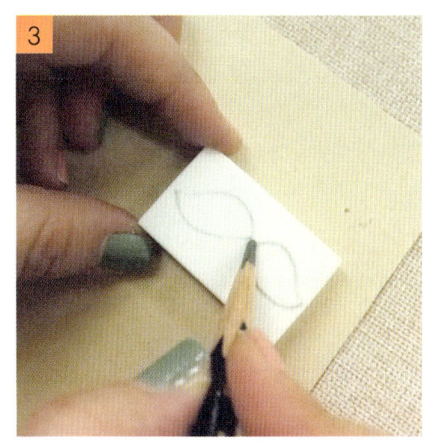

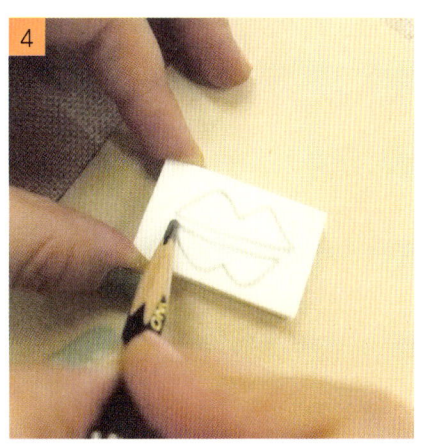

01. 두꺼운 종이를 가로 100mm, 세로 150mm로 2장 재단합니다.
02. 지우개(50×35mm)로 스탬프 찍을 위치를 잡아 봅니다.
03. 아빠에게 드릴 엽서에 찍을 콧수염 모양을 지우개에 스케치합니다.(부록 201쪽 참고)
04. 엄마에게 드릴 엽서에 찍을 입술 모양을 지우개에 스케치합니다.(부록 201쪽 참고)

  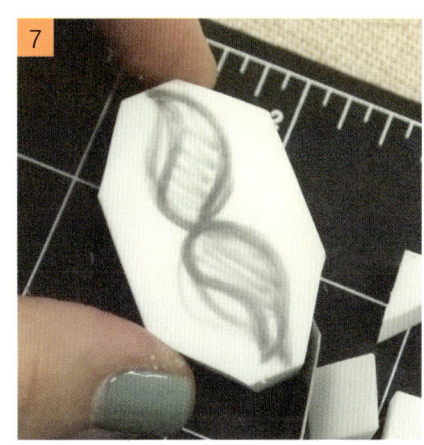

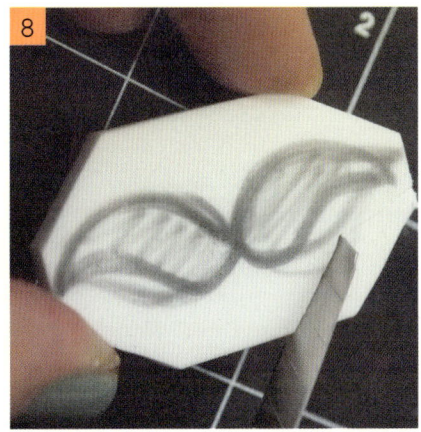

05. 작은 하트 스탬프를 만들기 위해 지우개(12×130mm)를 작게 자릅니다.
06. 작은 하트와 큰 하트를 그립니다.(부록 201쪽 참고)
07. 콧수염 모양을 조각하기 위해 사각형의 4모서리를 커터칼로 자릅니다.
08. 콧수염 모양으로 여유 있게 칼집을 냅니다.

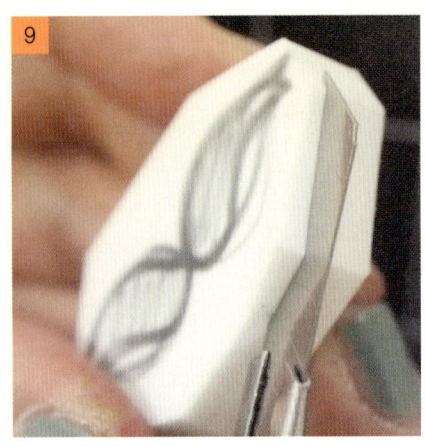 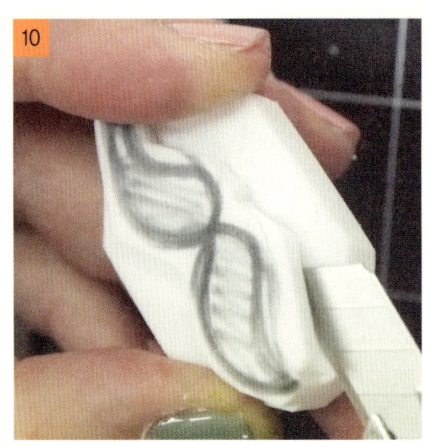 

09. 지우개 측면을 3mm 두께로 칼집을 준 위치까지 자릅니다.
10. 옆쪽도 동일하게 자릅니다.
11. 스탬프 조각도로 콧수염 스케치 선을 따라 세밀하게 팝니다.
12. 앞에서 판 콧수염 스케치 선을 기준으로 바깥쪽을 스탬프 조각도로 깎아 나갑니다.

 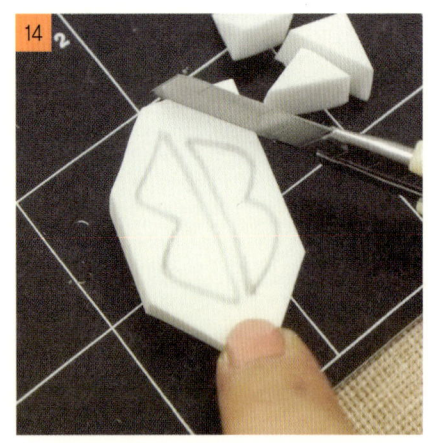 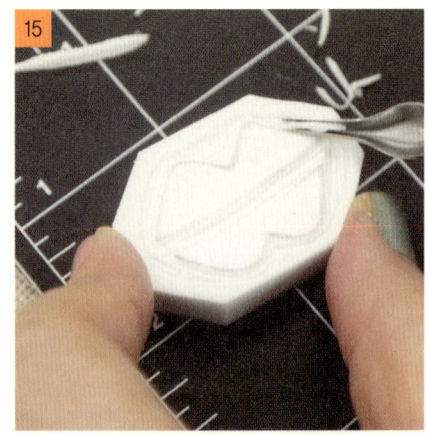

13. 지저분한 연필 선이 묻은 지우개를 커터칼로 깨끗이 자릅니다.
14. 입술을 조각하기에 앞서 사각형의 4모서리를 커터칼로 자릅니다.
15. 입술처럼 그림이 지우개에 꽉 찰 경우에는 조각도로 스케치 선을 먼저 팝니다.
16. 측면을 앞에서와 같은 방법으로 자른 후 지저분한 부분은 모두 잘라 냅니다.

Applied Lessons

 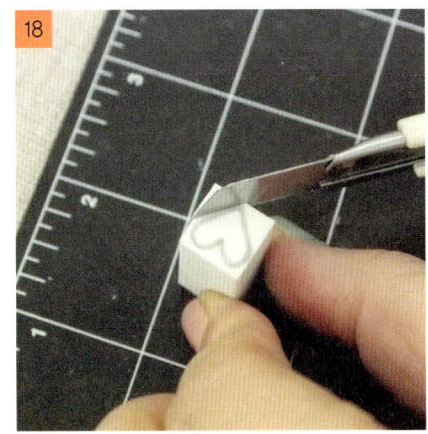 

17. 파 놓은 입술 선을 기준으로 깎아 나갑니다.
18. 하트 선을 따라 칼집을 냅니다.
19. 칼집 낸 부분을 사선으로 도려냅니다.
20. 반대쪽도 선을 따라 칼집을 내고 사선으로 도려냅니다.

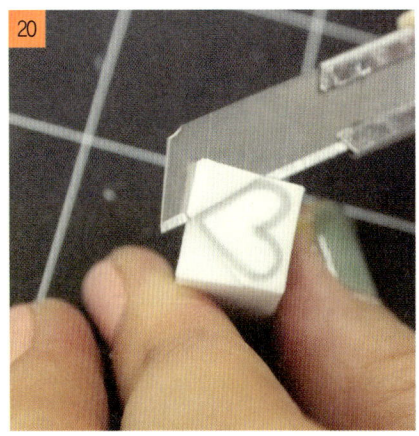

Point

  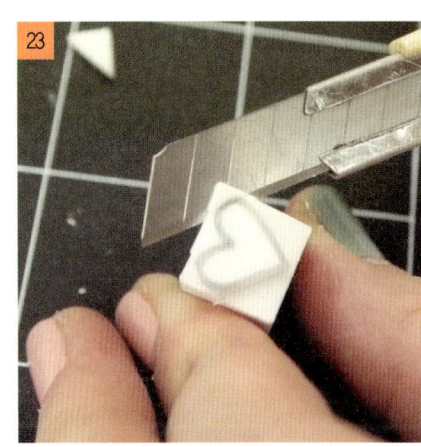

21. 하트 위쪽 둥근 부분에도 칼집을 냅니다.
22. 옆쪽을 도려냅니다.
23. 반대쪽 둥근 부분도 칼집을 내고 도려냅니다.
24. 하트의 위쪽 가운데 양쪽 부분에 칼집을 냅니다.

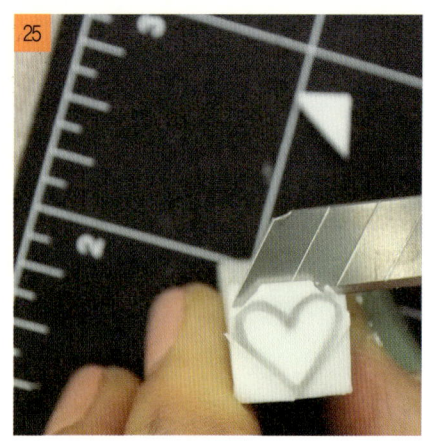  

25. 위쪽을 도려냅니다.
26. 하트 모양 주변의 지저분한 부분을 커터칼로 정리합니다.
27. 작은 하트도 같은 방법으로 자릅니다.
28. 콧수염 스탬프에 검은색 스탬프 잉크를 묻힙니다. 이때 꾹꾹 여러 번 눌러 지우개에 잉크가 골고루 묻도록 합니다.

29. 02에서 잡았던 위치에 스탬프를 찍습니다.
30. 입술에 빨간색 스탬프 잉크를 묻혀 처음에 잡았던 위치에 스탬프를 찍습니다.
31. 하트 스탬프에 잉크를 묻혀 콧수염과 입술 주변에 찍습니다. 위치는 자유롭게 정하여 찍습니다.
32. 작은 하트 스탬프를 콧수염과 입술 주변에 자유롭게 찍습니다.

Applied Lessons

Point

33. 스탬프를 다 찍은 엽서에 네임펜으로 글자를 씁니다. 입술 스탬프를 찍은 엽서에 '엄마' 라고 씁니다.
34. 입술 옆에 보색인 초록색 네임펜으로 빤짝이는 그림을 표현합니다.
35. 검은색 네임펜으로 '사랑해요!' 라고 씁니다.
36. 검은색 네임펜으로 글자 안을 칠합니다.

37. 아래쪽에 엄마에게 전하는 메시지를 씁니다.
38. 콧수염 스탬프를 찍은 엽서에 '아빠' 라고 씁니다.
39. 콧수염 옆에 반짝이는 그림을 표현합니다.
40. 엄마에게 드리는 엽서와 같이 아래쪽에 아빠에게 전하는 메시지를 씁니다.

Applied Lessons 2. 스탬프 아트 태그 만들기

- **수업 적정 연령 및 수업 시간** : 초등학생 5학년 이상, 1시간 30분~2시간
- **재료 및 도구** : 머메이드지, 지우개(75×105mm), 조각도, 커터칼, 피스칼, 커팅 보드, 스탬프 잉크, 스탬프 잉크 패드, 끈, 마 끈, 실, 바늘, 딱풀, 가위, 자, 아일렛, 아일렛 기구, 타공기, 코너 라운드 커팅기, 캔버스, 레이스 테이프, 토션, 연필, 하얀 면사
- **수업 진행 포인트** : 글자와 문양 스탬프 만드는 과정을 보다 세밀하게 익힙니다. 만드는 스탬프 개수에 따라 수업 시간을 조정합니다. 천이나 레이스를 이용하여 보다 예쁜 태그를 만들어 봅니다.

Applied Lessons

01. 크기가 큰 지우개를 원하는 태그 크기에 맞추어 재단합니다.
02. 가로, 세로 비율을 잘 맞추어 태그를 재단합니다. 이 책에서는 370× 600mm로 재단했습니다.
03. 태그 크기에 맞추어 스케치합니다.(부록 201쪽 참고)
04. 스케치한 종이 위에 지우개를 올리고 꾹 누릅니다.

 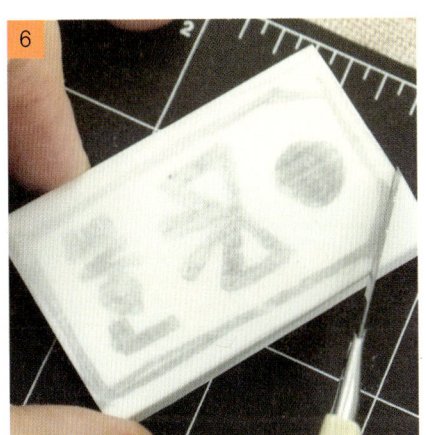 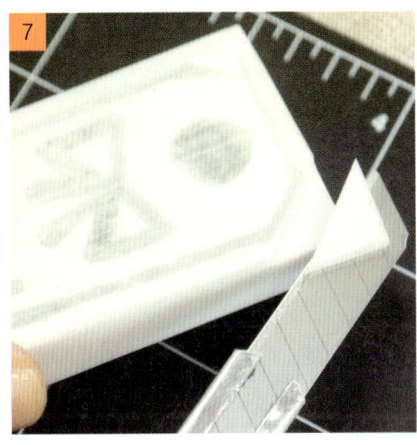

Point

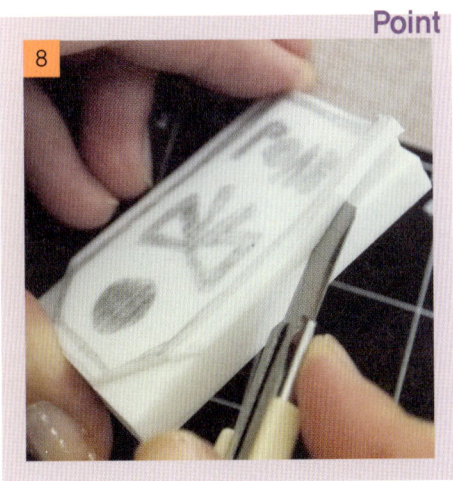

05. 스케치한 그림이 지우개에 찍혔습니다.
06. 외곽선을 따라 칼집을 냅니다.
07. 모서리 부분을 도려냅니다.
08. 옆면에도 칼집을 내고 도려냅니다.

 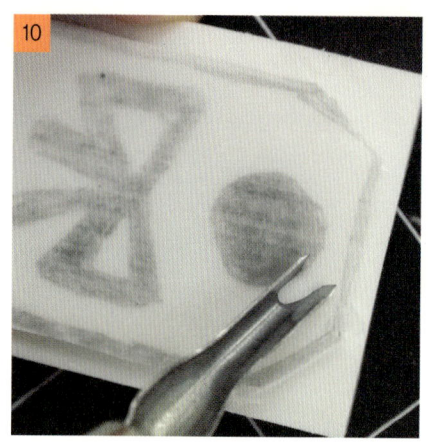 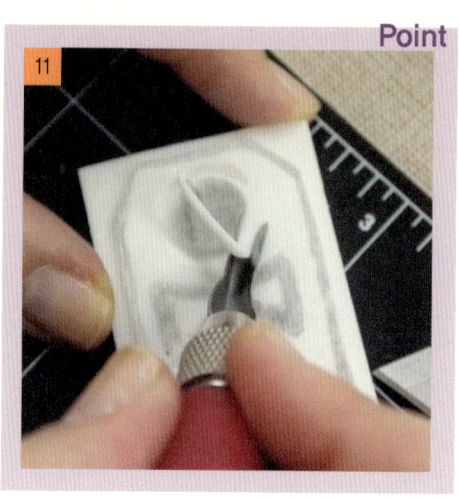

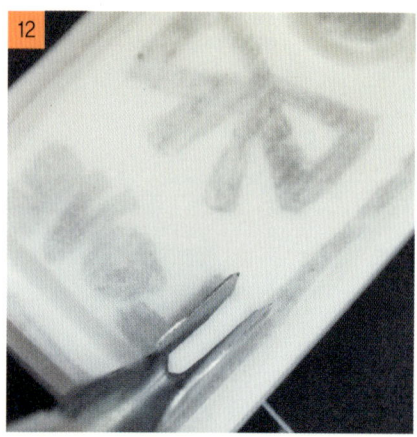

09. 끝까지 칼집을 내고 도려냅니다.
10. 태그 안쪽 그림 외에는 모두 조각도로 도려냅니다. 우선 동그란 부분은 둥근 조각도로 팝니다.
11. 지우개를 돌려 가며 둥근 부분을 남기고 뾰족한 조각도로 주변을 팝니다.
12. 태그 안쪽 선 바깥쪽을 둥근 조각도로 팝니다.

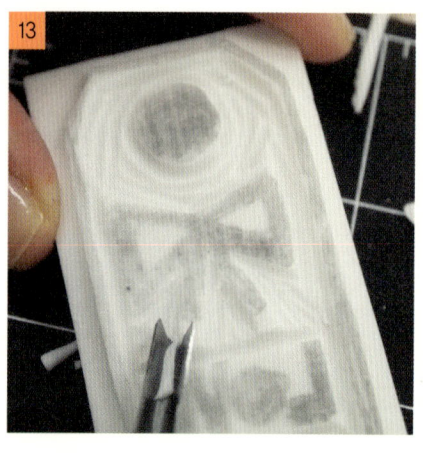 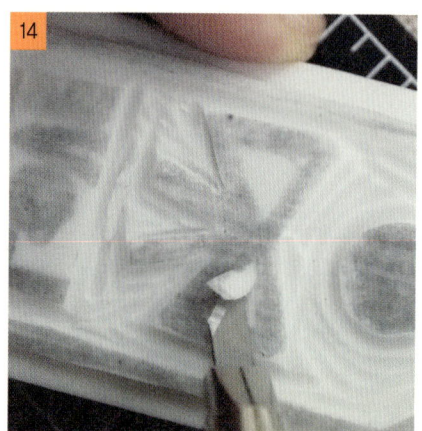 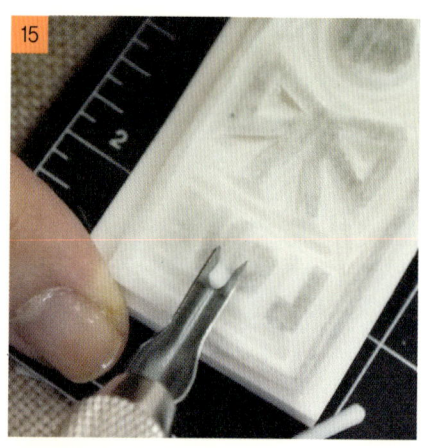

13. 뾰족한 조각도로 내부를 모두 팝니다.
14. 리본 안쪽은 피스칼로 팝니다.
15. 글자를 둥근 조각도로 팝니다. 각 글자가 길쭉한 사각형 틀에 들어 있다는 생각으로 팝니다.
16. 글자를 모두 판 모습입니다.

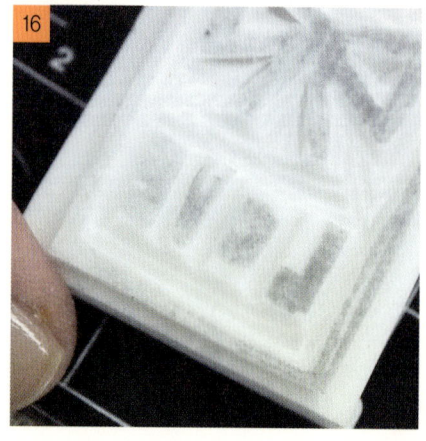

Applied Lessons

Point

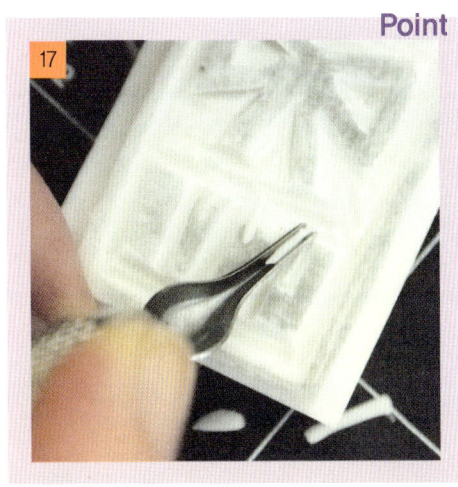 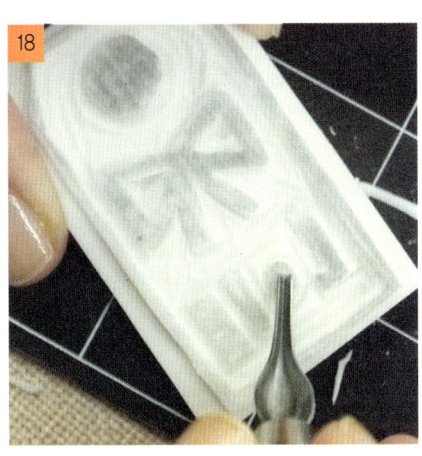 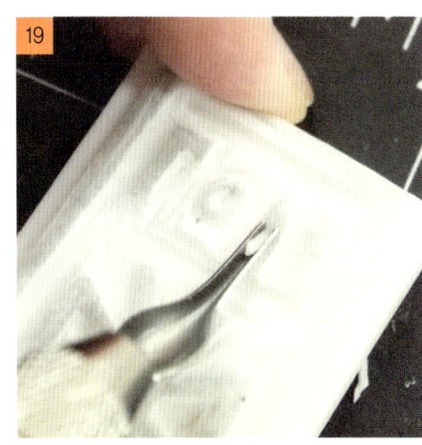

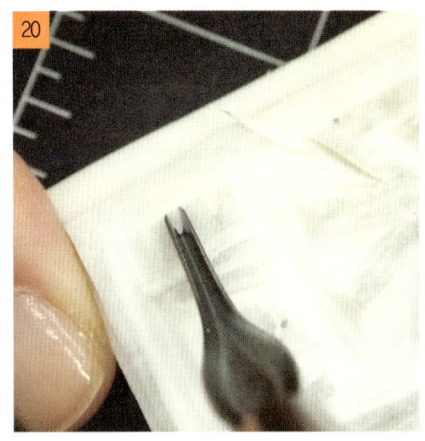

17. 뾰족한 조각도로 글자의 라인 바깥쪽부터 세밀하게 팝니다.
18. 글자 중 'O'의 안쪽을 팝니다.
19. 글자 중 'V'의 안쪽을 팝니다.
20. 글자 중 'E'의 안쪽을 팝니다.

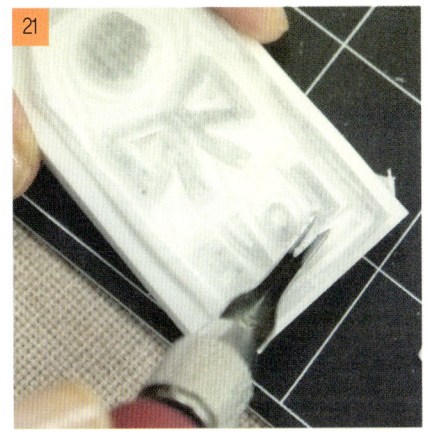  

21. 뾰족한 조각도로 태그 안쪽을 깔끔하게 팝니다.
22. 스탬프 잉크 패드에 조각한 스탬프를 올리고 꾹 누릅니다.
23. 먼저 종이에 찍어 잘 나오는지 확인합니다.
24. 재단한 종이 태그에 스탬프를 올리고 꾹 누릅니다.

25. 종이 태그에 스탬프가 잘 찍힌 것을 확인합니다.
26. 패브릭 태그를 만들기 위해 캔버스 2장을 겹쳐 준비합니다.
27. 종이 태그를 패브릭 위에 올린 뒤 재단합니다. 이때 종이보다 사방 7mm 넓게 재단합니다.
28. 만들어 놓은 스탬프를 잉크에 묻혀 재단한 캔버스 위에 찍습니다.

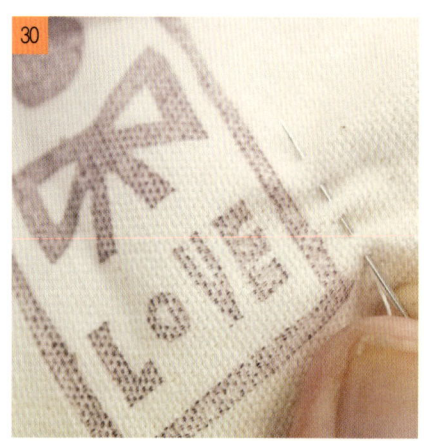
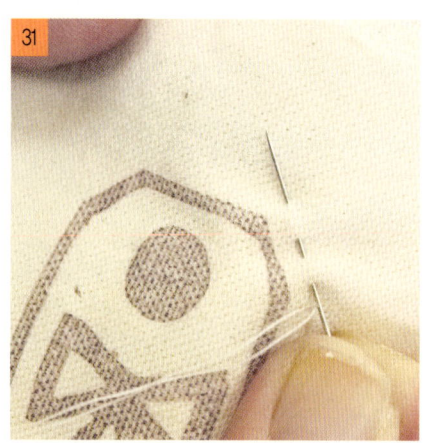

29. 잉크가 잘 말랐는지 확인한 후 겹친 2장의 캔버스를 함께 꼬맵니다.
30. 홈질하는데 이때 태그의 외곽선 바깥쪽으로 5mm 여유를 두고 홈질합니다.
31. 특히 꼬매는 부분을 잘 꼬매야 완성 후 태그의 느낌이 살아납니다. 그리고 잠시 바느질을 멈춥니다.
32. 두꺼운 하얀 면사를 준비해 2줄로 자릅니다.

Applied Lessons

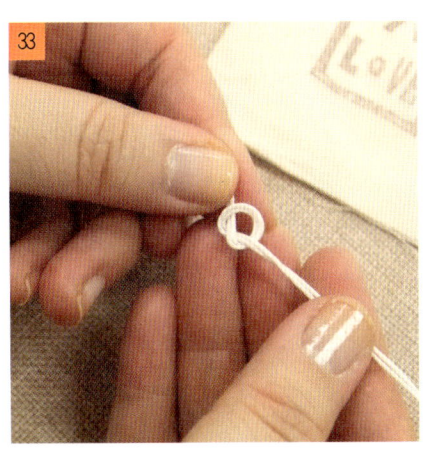

Point

33. 하얀 면사를 2줄로 겹친 후 끝을 함께 매듭짓습니다. 이것은 태그의 끈으로 사용할 것입니다.
34. 끈을 넣고 재단할 수 없으므로 태그의 끈이 들어갈 상단은 미리 깨끗이 재단합니다.
35. 캔버스를 들고 매듭지은 끈을 상단 안쪽으로 밀어 넣습니다.
36. 끈과 함께 그 위로 바느질합니다. 이때 매듭이 빠져나오지 않게 촘촘히 홈질합니다.

Point

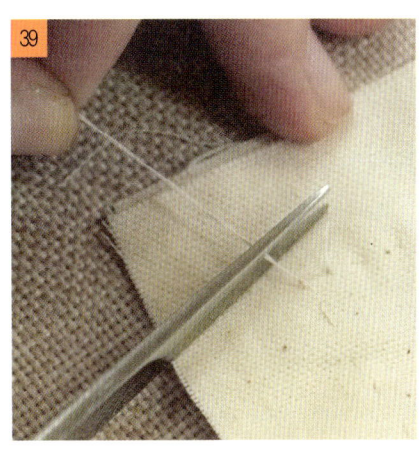

37. 다시 태그의 모양을 따라 홈질합니다.
38. 바느질이 모두 끝나면 태그를 돌려 뒷면에서 실을 매듭짓습니다.
39. 매듭지은 실을 가위로 자릅니다.
40. 태그의 모양을 따라 캔버스를 가위로 자릅니다. 이때 바느질한 선 바깥쪽으로 5mm 여유를 두고 자릅니다.

41. 면사 끈 위쪽을 매듭지어 패브릭 태그를 완성합니다.
42. 앞에서 스탬프로 찍은 종이를 가위로 오려 태그 모양을 만듭니다.
43. 원 그림에 맞추어 타공합니다. 이때 타공 위치가 잘 보이도록 타공기 밑의 받침을 빼고 거꾸로 돌려 그림을 보면서 타공하면 정확히 타공할 수 있습니다.
44. 태그에 끈을 달기 위해 마 끈을 준비하여 적당한 길이로 자릅니다.

 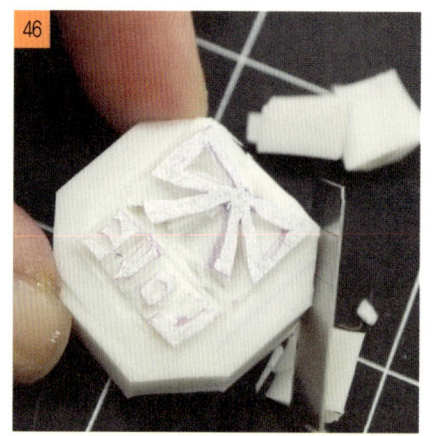 

45. 타공한 곳에 마 끈을 넣고 매듭짓습니다.
46. 지우개를 앞에서와 같은 방법으로 파서 리본과 'LOVE'를 새깁니다.
47. 만들어 둔 태그 종이에 타공합니다.
48. 타공에 아일렛을 끼웁니다.

Applied Lessons

49. 아일렛 기구에 아일렛을 끼웁니다.
50. 아일렛 기구를 잡고 꾹 누릅니다.
51. 태그 위에 레이스 테이프와 토션 스탬프를 올려 자리를 잡아 봅니다.
52. 자리를 잡은 대로 길이를 맞추어 레이스를 가위로 오립니다.

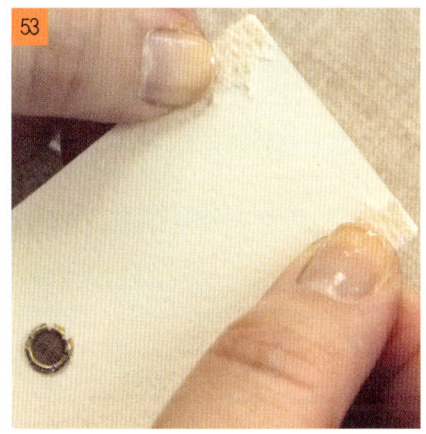  

53. 재단한 레이스에 딱풀을 발라 태그에 붙입니다.
54. 태그 위에 스탬프를 찍습니다.
55. 토션을 태그에 붙인 후 마 끈을 걸어 매듭짓습니다.
53. 종이 위 양쪽 모서리 부분을 코너 라운드 커팅기로 잘라 완성합니다. 코너 라운드 커팅기가 없을 경우에는 가위로 잘라도 됩니다.

Applied Lessons 3. 스탬프 아트 나만의 편지지 및 편지 봉투 만들기

- **수업 적정 연령 및 수업 시간** : 초등학생 5학년 이상, 1시간~1시간 30분
- **재료 및 도구** : 펄 종이(A4), 지우개(12×130mm(2개), 35×50mm(3개)), 네임펜, 조각도, 커터 칼, 피스칼, 커팅 보드, 스탬프 잉크, 트레이싱 페이퍼, 면 끈, 양면테이프, 도일리 페이퍼, 리넨 테이프, 마스킹 테이프, 연필, 셀로판테이프, 가위
- **수업 진행 포인트** : 글자 스탬프 만드는 방법을 배웁니다. 편지지와 봉투에 스탬프를 배치해 봄으로써 디자인 감각을 익힐 수 있도록 합니다. 포장법을 익힙니다.

Applied Lessons

Point

01. 준비한 종이를 알맞은 크기로 찢습니다.
02. 트레이싱 페이퍼 위에 스케치하거나 도안의 귀여운 캐릭터를 옮겨 그립니다.(부록 201쪽 참고)
03. 스케치하거나 도안의 글자를 옮겨 그립니다.(부록 201쪽 참고)
04. 지우개에 트레이싱 페이퍼의 그림을 뒤집어 손톱 끝으로 긁어 글자가 지우개 위에 나타나도록 합니다. 지우개에 직접 그릴 때는 글자를 거꾸로 그려야 스탬프로 찍었을 때 똑바로 나옵니다.

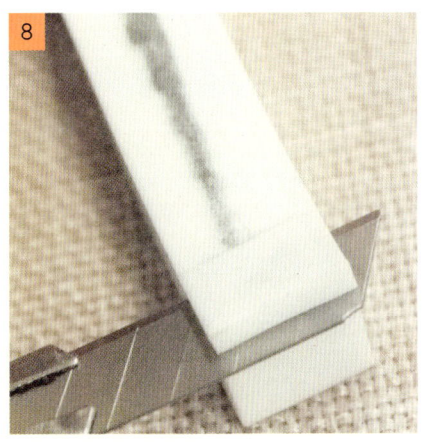

05. 캐릭터를 동일한 방법으로 지우개에 옮깁니다.
06. 스티치 선을 동일한 방법으로 지우개에 옮깁니다.
07. 스티치 스탬프로 만들기 위해 선의 끝에서 수직으로 칼집을 냅니다.
08. 3mm 두께로 측면을 도려냅니다.

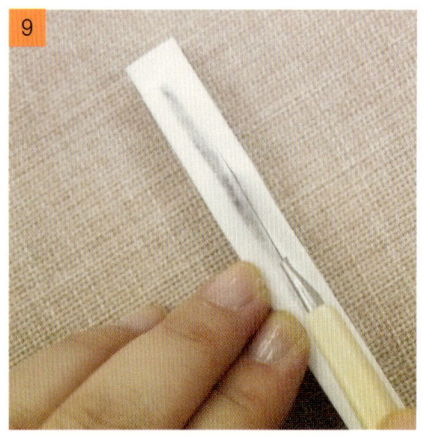
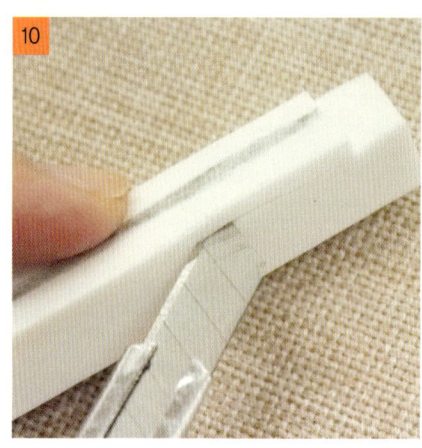
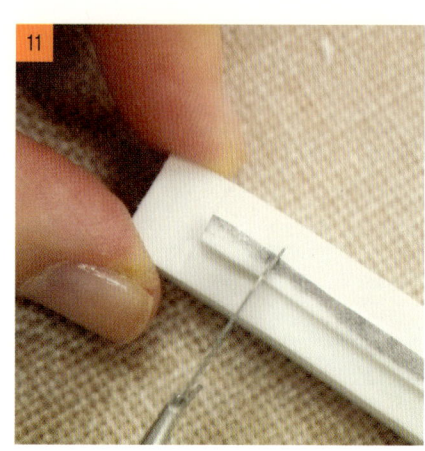

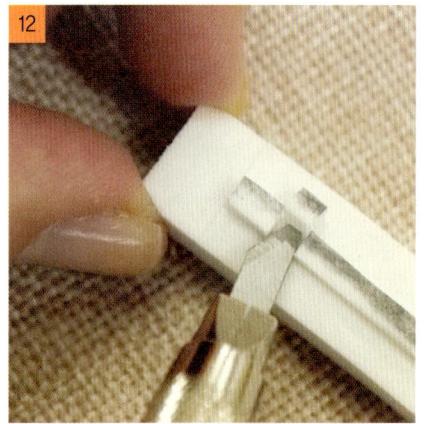

09. 선의 긴 쪽에도 칼집을 냅니다.

10. 3mm 두께로 측면을 도려냅니다.

11. 스티치 모양을 만들기 위해 칼로 2mm 간격을 두고 칼집을 냅니다. 되도록 간격은 일정하게 합니다.(부록 197쪽 참고)

12. 피스칼을 이용해 칼집 사이를 도려냅니다.

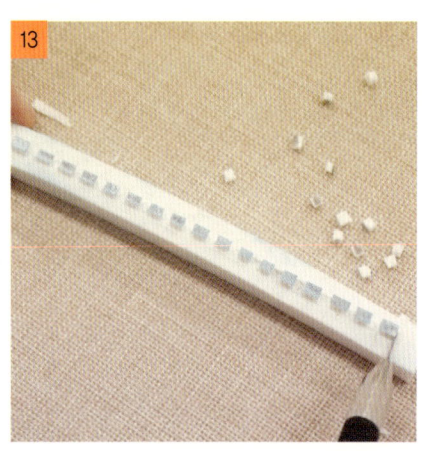
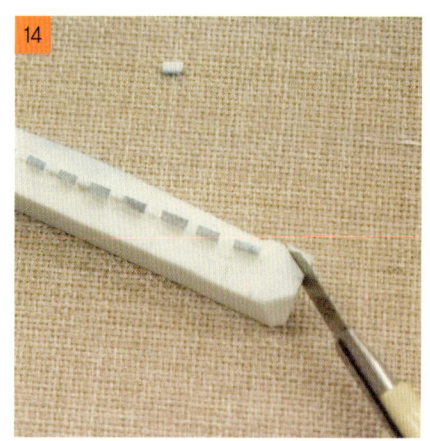
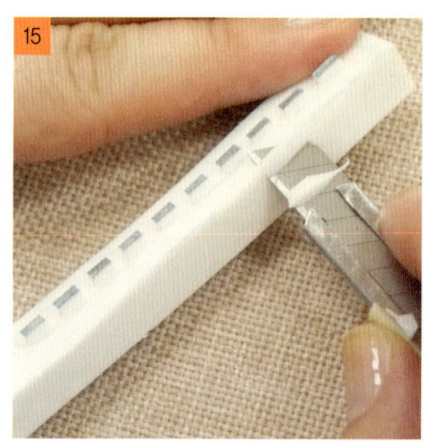

13. 간격을 맞추어 피스칼로 끝까지 도려냅니다.

14. 끝쪽 모서리를 커터칼로 자릅니다.

15. 남은 부분을 부드럽게 도려냅니다. 최대한 스티치와 거리를 두고 도려냅니다. 그래야 스탬프를 찍을 때 잉크가 묻어 나오지 않습니다.

16. 캐릭터 스탬프를 조각하기 위해 칼로 사각 모서리를 자른 후 캐릭터 크기에 맞게 지우개의 면을 자릅니다.

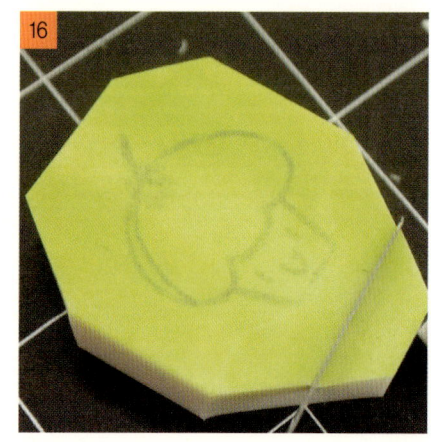

Applied Lessons

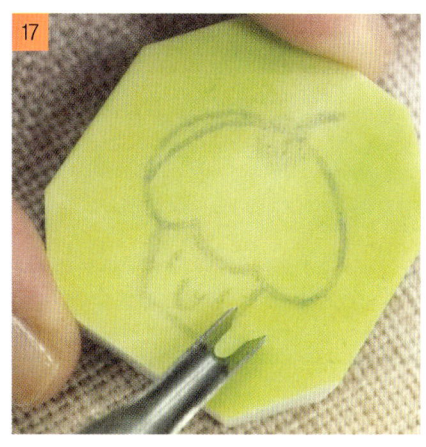

17. 조각도 중 둥근 조각도로 외곽선을 남기고 팝니다.
18. 세밀한 부분은 뾰족한 조각도를 이용하면 됩니다.
19. 외곽선과 높이 차가 있어야 잉크가 묻어 나오지 않고 깔끔하게 스탬프를 찍을 수 있습니다.
20. 다음 캐릭터는 선이 아닌 면을 중심으로 조각했습니다.

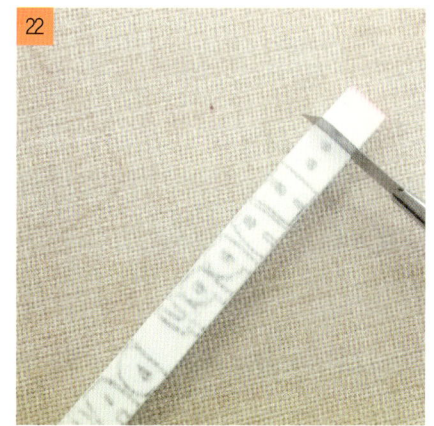
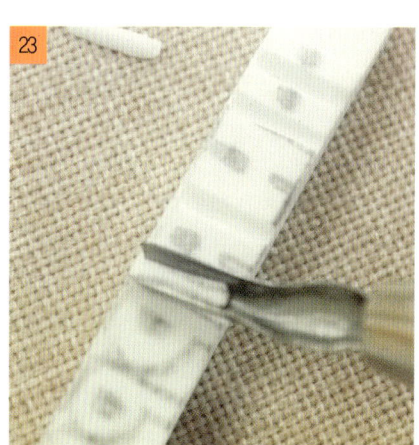

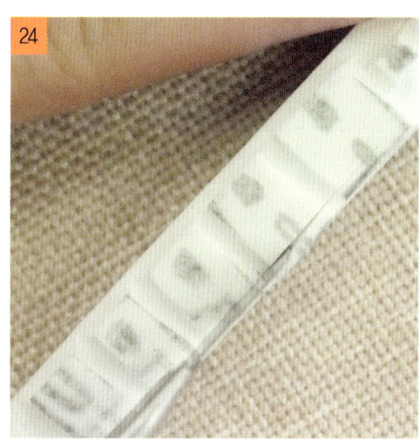

21. 마지막 캐릭터 역시 같은 방법으로 조각합니다.
22. 글자도 스티치 스탬프를 만들었던 방법으로 끝쪽부터 도려냅니다.
23. 글자는 글자 하나하나를 한 칸으로 생각해서 칸을 만들며 조각합니다.
24. 글자의 아래위에 칼집을 냅니다.

99

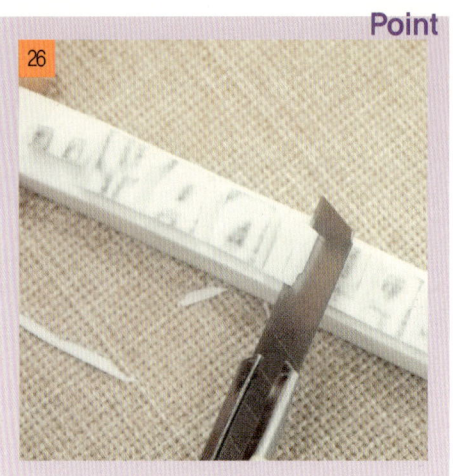
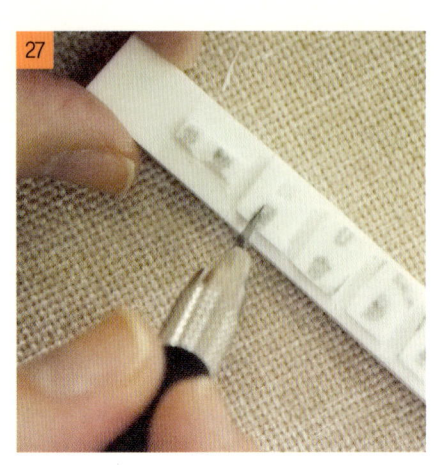
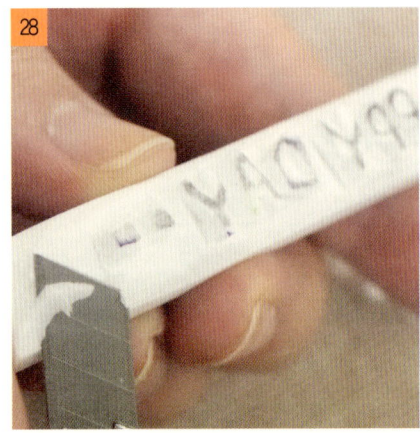

25. 측면을 도려냅니다.
26. 글자 사이를 깨끗이 정리합니다.
27. 피스칼이나 뾰족한 조각도로 글자 모양을 조각합니다.
28. 글자만 남기고 주변을 잘 도려냅니다. 이때도 글자와 높이 차를 줍니다.

29. 만들어 놓은 편지지 위에 조각한 스탬프를 배열해 봅니다.
30. 스탬프가 잘 완성되었는지 종이에 찍어 확인합니다.
31. 스탬프를 찍기 위해 스탬프 잉크를 묻힙니다. 스탬프 잉크에는 여러 가지 잉크가 있는데, 잉크만 잘 선택하면 색다른 스탬프 아트를 연출할 수 있습니다.
32. 배치한 대로 캐릭터 스탬프를 찍습니다.

Applied Lessons

33. 글자 스탬프에 잉크를 묻혀 편지지에 찍습니다.
34. 스티치 스탬프를 끝까지 찍어 내려갑니다.
35. 완성된 편지지에 글을 씁니다.
36. 예쁘게 접습니다.

Point

37. 접은 편지지를 도일리 페이퍼 위에 올립니다.
38. 좁은 부분부터 접습니다.
39. 넓은 부분을 접습니다.
40. 마스킹 테이프를 적당히 찢어 도일리 페이퍼 봉투를 봉합니다.

Point

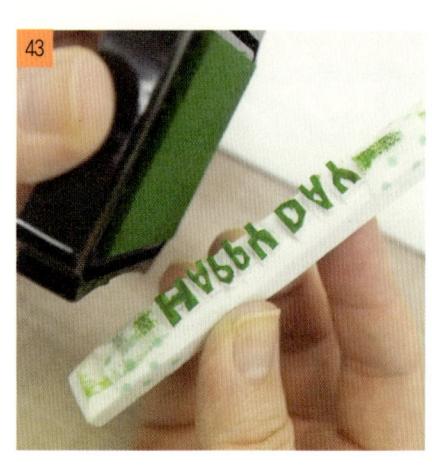

41. 도일리 페이퍼 봉투를 뒤집어 넓은 면에 캐릭터 스탬프 중 하나에 잉크를 묻혀 찍습니다.
42. 글자 스탬프 스티치 부분에 셀로판테이프를 붙여 가립니다.
43. 잉크를 스탬프에 묻힙니다. 이때 셀로판테이프에 묻은 잉크를 휴지로 닦습니다.
44. 리넨 테이프에 글자 스탬프를 찍습니다.

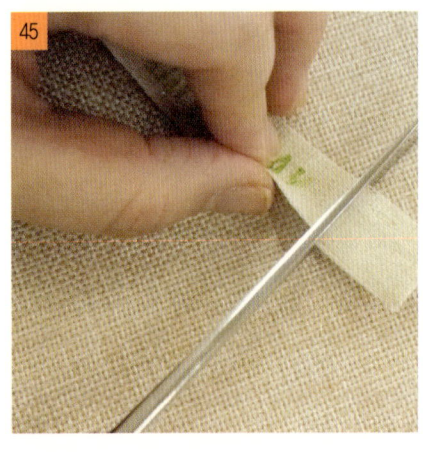
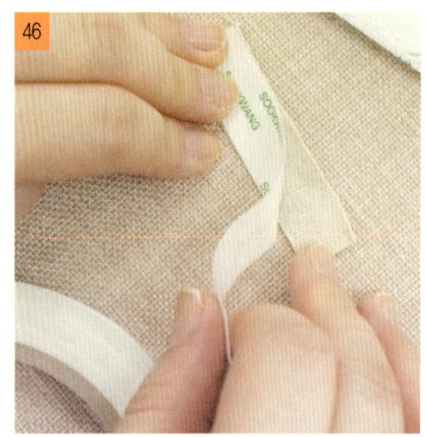

45. 글자 길이에 맞추어 가위로 자릅니다.
46. 자른 리넨 테이프에 양면테이프를 붙입니다.
47. 위치를 잡아 도일리 페이퍼 봉투에 붙입니다.
48. 면 끈을 포장지 싸듯이 십자 모양으로 쌉니다.

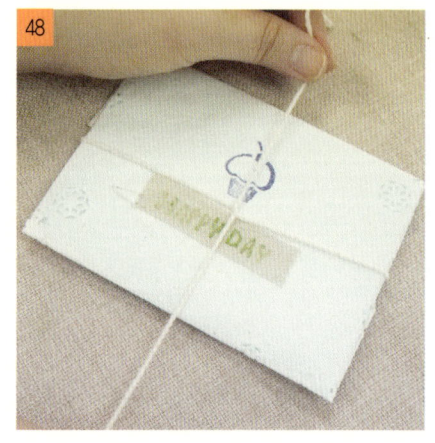

Applied Lessons

  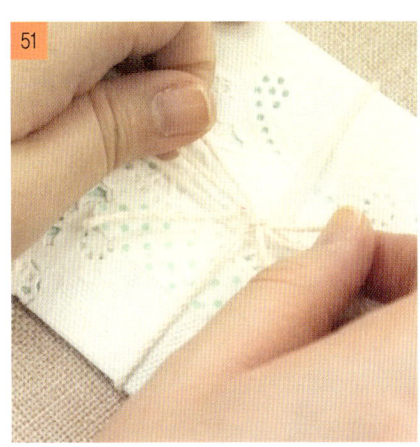

49. 면 끈을 리본 모양으로 묶을 길이만큼 남기고 가위로 자릅니다.

50. 면 끈을 한 번 묶습니다.

51. 면 끈을 예쁘게 리본 모양으로 묶어 완성합니다.

Applied Lessons 4. 스탬프 아트 패브릭 앞치마 만들기

- **수업 적정 연령 및 수업 시간** : 초등학생 5학년 이상, 2시간
- **재료 및 도구** : 패브릭 캔버스 앞치마, 지우개(75×105mm, 20×60mm(4개)), 네임펜, 조각도, 커터칼, 피스칼, 커팅 보드, 스탬프 잉크, 글자 스탬프
- **수업 진행 포인트** : 패브릭 소재의 제품에 아이들이 스탬프를 만들어 꾸밀 수 있도록 합니다. 아이들의 티셔츠나 필통 등을 직접 꾸며 보는 것도 좋습니다.

Applied Lessons

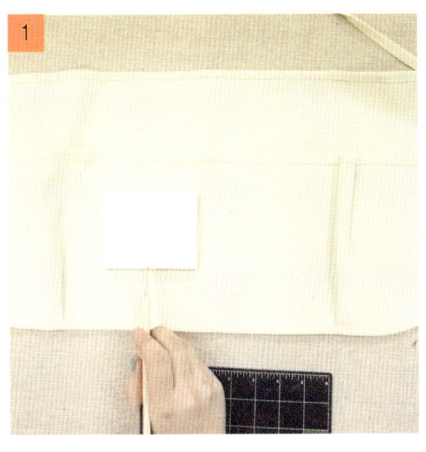 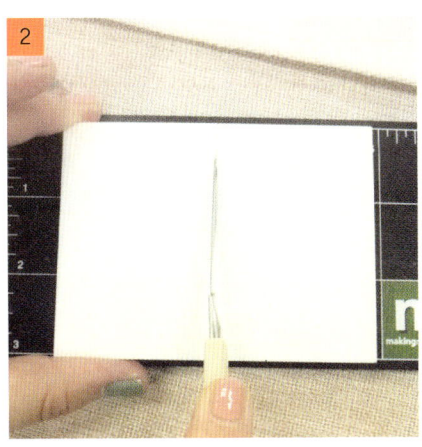 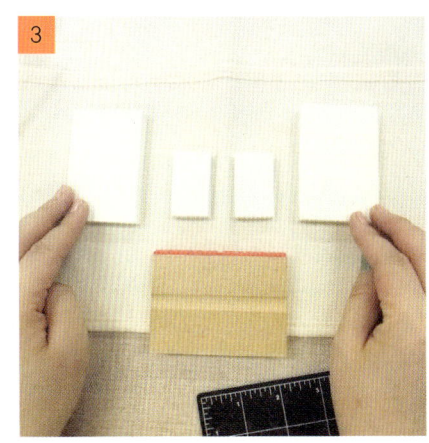

01. 준비한 패브릭 캔버스 앞치마 위에 지우개를 올려놓고 지우개의 크기를 표시합니다.
02. 표시한 크기 대로 커터칼로 자릅니다.
03. 지우개를 여러 크기로 자른 후 앞치마 위에 놓고 위치를 잡습니다.
04. 다른 지우개 하나를 준비하여 네임펜으로 삼각형을 그립니다.

 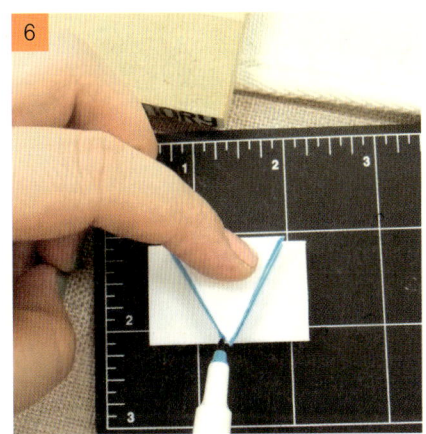 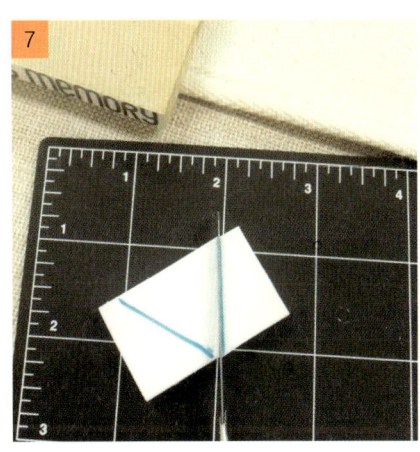

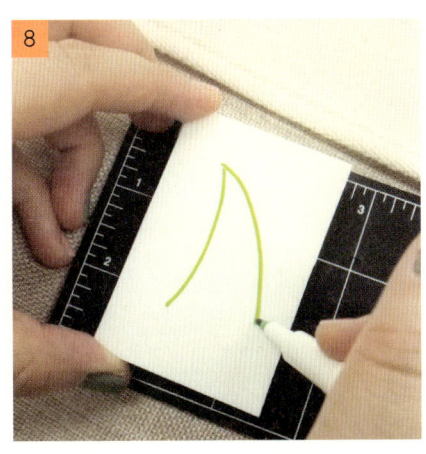

05. 커터칼로 삼각형으로 자릅니다.
06. 같은 크기의 삼각형을 지우개에 하나 더 그립니다.
07. 커터칼로 삼각형으로 자릅니다.
08. 앵두 모양 스탬프를 만들기 위해 앵두 줄기를 지우개 위에 네임펜으로 스케치합니다. (부록 201쪽 참고)

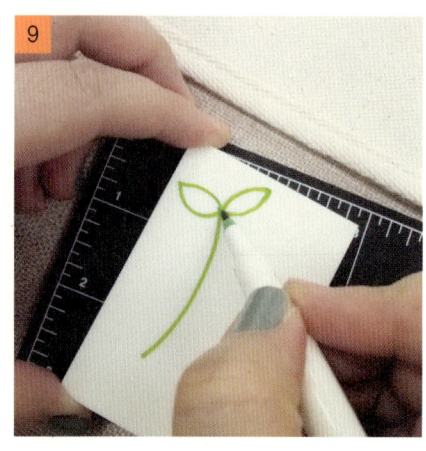  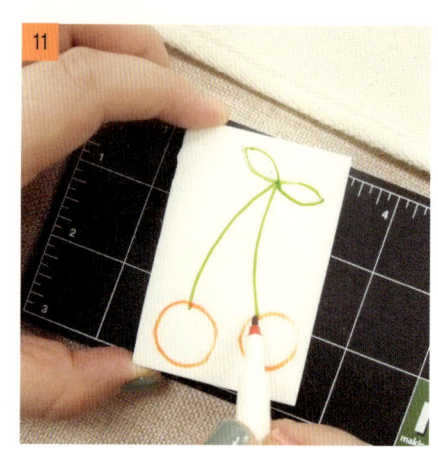

09. 앵두 줄기 끝에 잎을 그립니다.

10. 앵두 열매를 그립니다.

11. 반대편에 찍을 방향이 다른 앵두를 그립니다.

12. 줄기와 잎을 지우개 가득 그립니다.(부록 201쪽 참고)

 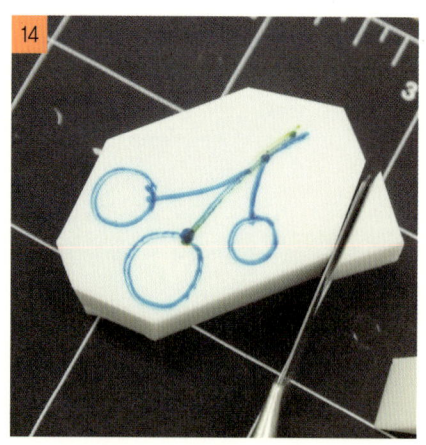 

13. 또 다른 지우개 위에 다른 모양의 줄기와 잎을 그립니다.(부록 201쪽 참고)

14. 지우개의 4모서리를 사선으로 자릅니다.

15. 줄기와 잎 선을 따라 칼로 칼집을 냅니다.

16. 줄기와 잎 모양을 따라 측면을 3mm 도려냅니다.

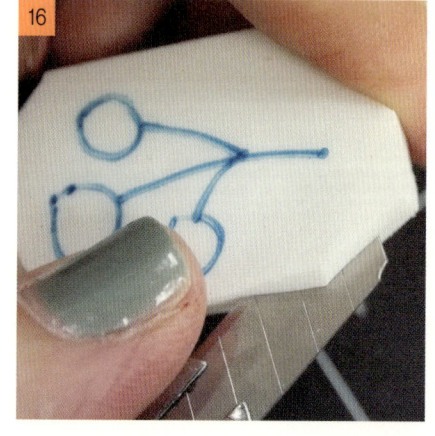

Applied Lessons

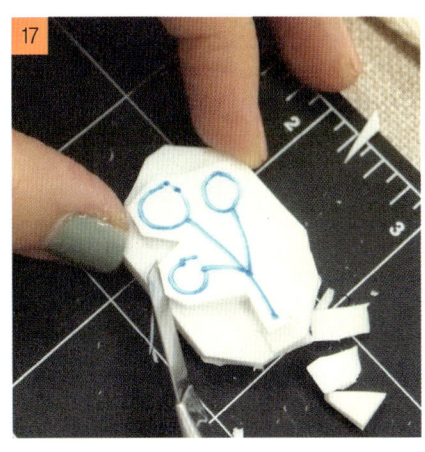
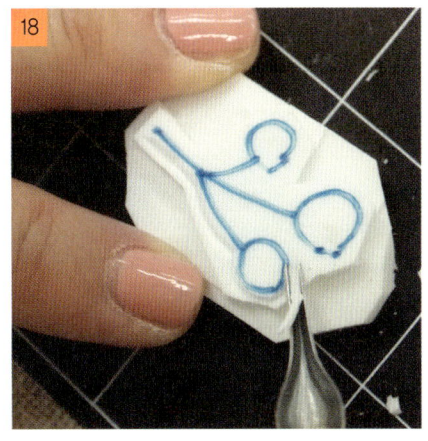

17. 줄기와 잎 모양이 선명하게 나오도록 지우개 주변을 자릅니다.
18. 가장 뾰족한 조각도로 선을 따라 세밀하게 팝니다.
19. 줄기와 잎 사이를 조각도로 팝니다.
20. 조각도로 판 선 바깥쪽을 모두 팝니다.

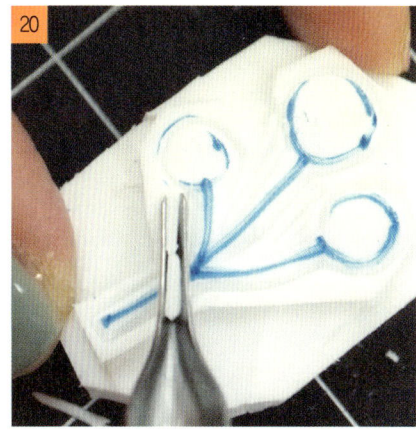

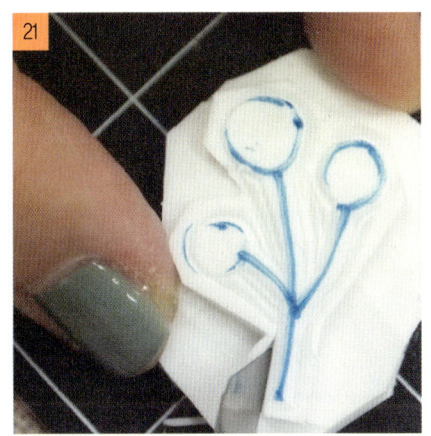

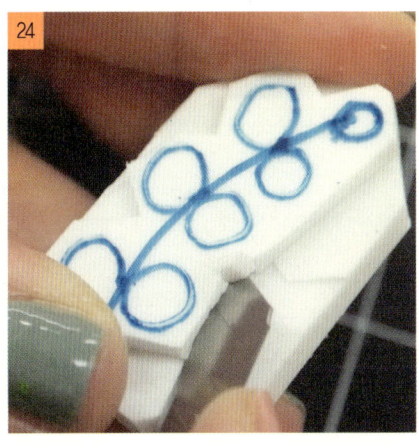

21. 커터칼로 주변을 도려냅니다.
22. 지우개의 모서리를 줄기와 잎 판에 맞게 도려냅니다.
23. 또 다른 줄기와 잎 스케치 지우개의 4모서리를 사선으로 자릅니다.
24. 커터칼로 줄기와 잎 주변을 도려냅니다.

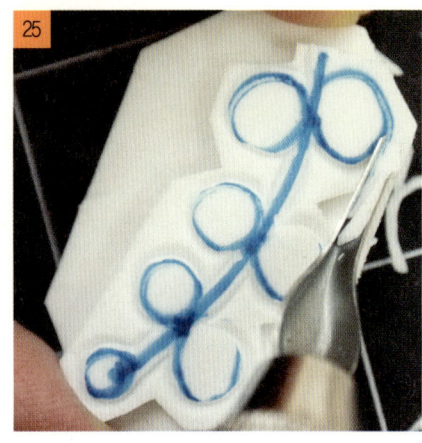
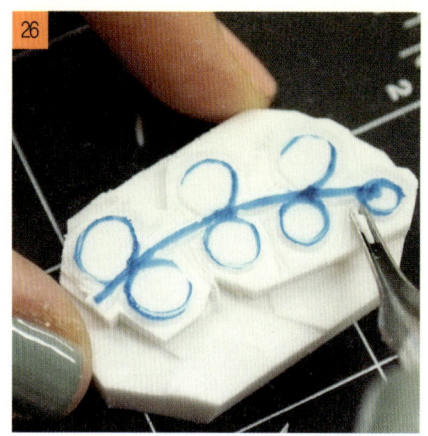
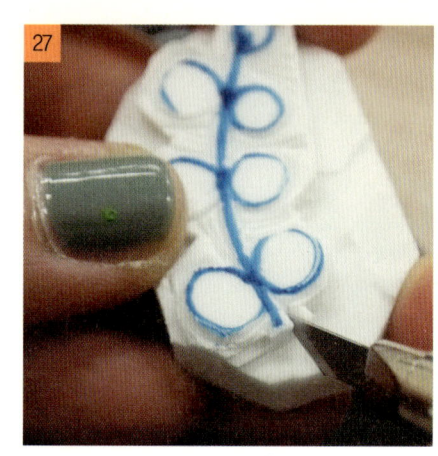

25. 뾰족한 조각도로 줄기와 잎 선을 따라 세밀하게 팝니다.

26. 판 선 바깥쪽 남는 부분도 조각도로 팝니다.

27. 피스칼로 주변을 정리합니다.

28. 앵두 모양을 따라 주변을 자릅니다.

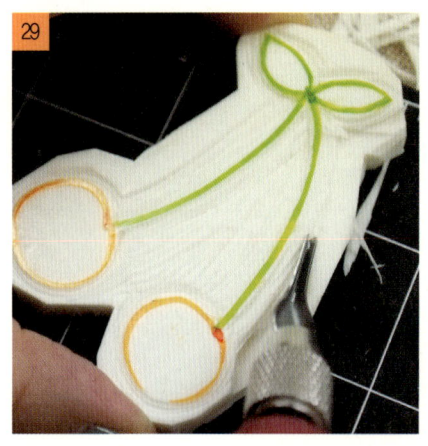
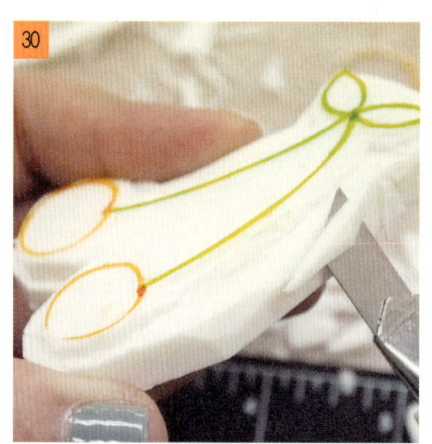

29. 뾰족한 조각도로 선 바깥쪽을 세밀하게 팝니다.

30. 파고 남은 부분은 커터칼로 깨끗이 도려냅니다.

31. 앞치마의 상단 부분에 삼각형 스탬프에 보라색 잉크를 묻혀 찍습니다.

32. 다른 삼각형 스탬프에 연두색 잉크를 묻혀 보라색 삼각형 바로 옆에 찍습니다.

Applied Lessons

  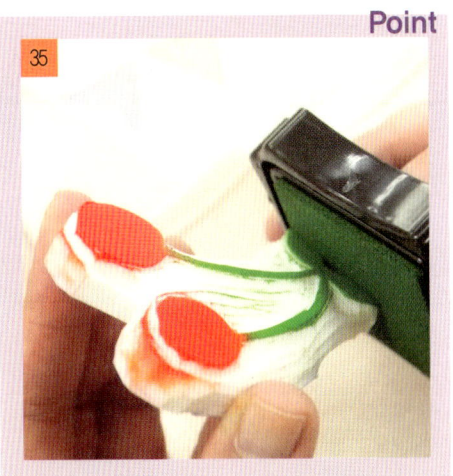

Point

33. 보라색, 연두색이 번갈아 찍힌 패턴을 만듭니다.
34. 앵두 열매를 빨간색 잉크 패드에 묻힙니다.
35. 앵두 줄기와 잎을 초록색 잉크 패드에 묻힙니다.
36. 앞치마의 적당한 위치에 앵두 스탬프를 찍습니다. 반대쪽 앵두 스탬프도 동일한 방법으로 찍습니다.

37. 줄기와 잎 스탬프에 파란색 잉크를 묻혀 적당한 위치에 찍습니다.
38. 또 다른 줄기와 잎 스탬프에 파란색 잉크를 묻혀 적당한 위치에 찍습니다.
39. 글자 스탬프에 검은색 잉크를 묻힙니다. 글자 스탬프는 주문 제작한 것을 사용해도 좋습니다.
40. 앞치마에 글자 스탬프를 찍습니다.

CHAPTER 4.
패브릭 팬시 아트 배우기

Basic Lessons. 패브릭 드로잉 압정 만들기

- **수업 적정 연령 및 수업 시간** : 초등학생 3학년 이상, 1시간

- **재료 및 도구** : 수채화 물감, 팔레트, 세필붓 3호 3개, 2호 1개, 물컵 4개(색상별), 가위, 피스칼, 광목천, 커팅 보드, 솜, 나무젓가락, 실, 바늘, 글루건, 연필, 딱풀 뚜껑, 압정

- **수업 진행 포인트** : 바느질의 기본과 광목천에 수채화 물감의 특성을 살려 물 번지는 채색법을 익힙니다. 글루건을 이용하므로 아이들이 어릴 경우에는 선생님이 직접 붙여 줍니다.

Basic Lessons

Point

01. 광목천 2장을 준비합니다.
02. 딱풀 뚜껑을 이용하여 원을 그립니다. 이때 큰 딱풀 뚜껑이 좋습니다. 딱풀 뚜껑이 없을 경우에는 100원 혹은 500원 동전도 괜찮습니다.(부록 202~203쪽 참고)
03. 원을 그린 광목천 1장에만 칼집을 냅니다. 이는 창구멍을 내 주는 작업입니다.
04. 다시 광목천 2장을 겹친 후 스티치 작업을 시작합니다.

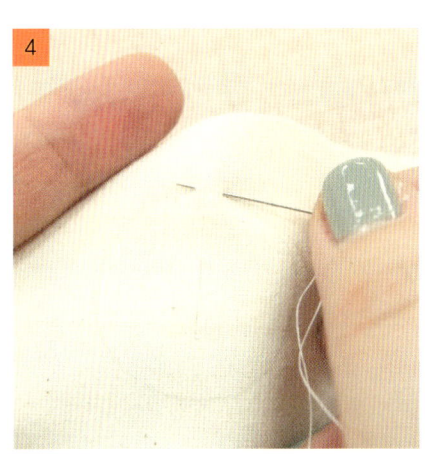

  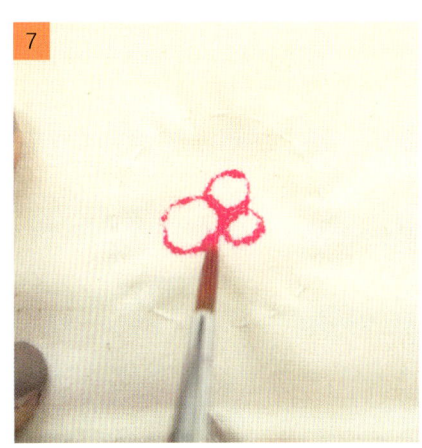

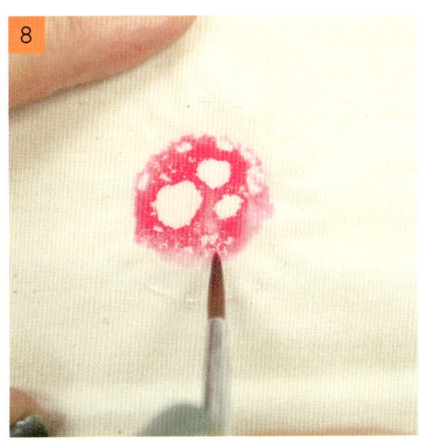

05. 바늘땀은 원의 크기에 맞추어 꼬매면 됩니다.
06. 스티치 작업이 끝나면 매듭을 짓고 가위로 자릅니다.
07. 분홍색 수채화 물감으로 동그라미 3개를 그립니다.
08. 붓에 물만 묻혀서 동그라미 밖으로 번지도록 합니다.

Point

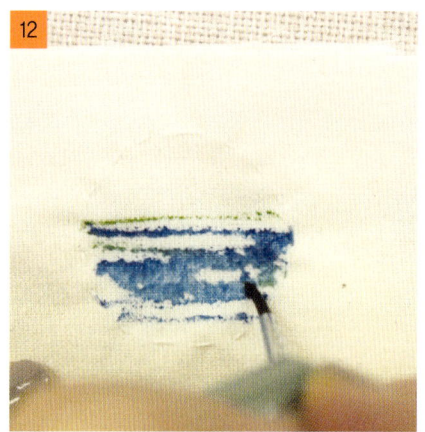

09. 주황색 수채화 물감을 이용하여 밖에서 안으로 원을 그리듯 색칠합니다.

10. 붓을 물에 헹군 후 분홍색과 주황색을 서로 섞으며 칠합니다.

11. 빨간색 수채화 물감을 붓 끝에 묻혀서 도트처럼 콕콕 찍습니다.

12. 다른 쪽에는 파란색 수채화 물감을 지그재그 선을 그으며 내려갑니다.

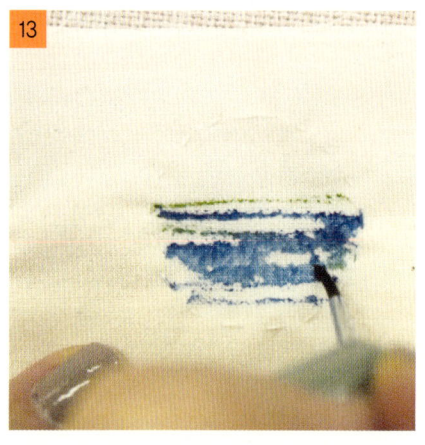

13. 연두색 수채화 물감을 묻힌 붓으로 파란색 수채화 물감 위에 겹치도록 지그재그로 그으며 내려갑니다.

14. 연두색 수채화 물감을 도트 문양이 되도록 뿌립니다.

15. 붓을 물에 깨끗이 헹군 뒤 연두색 수채화 물감과 파란색 수채화 물감을 지우듯 섞습니다.

16. 위쪽에 포인트로 분홍색 하트를 그립니다.

Basic Lessons

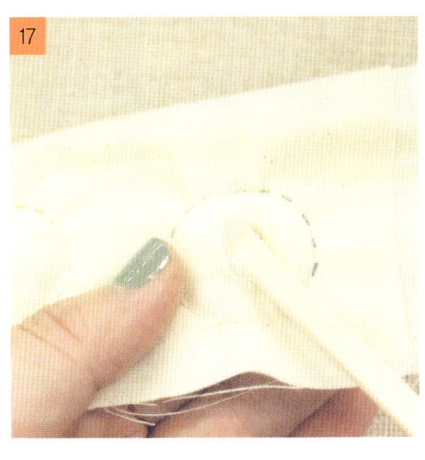
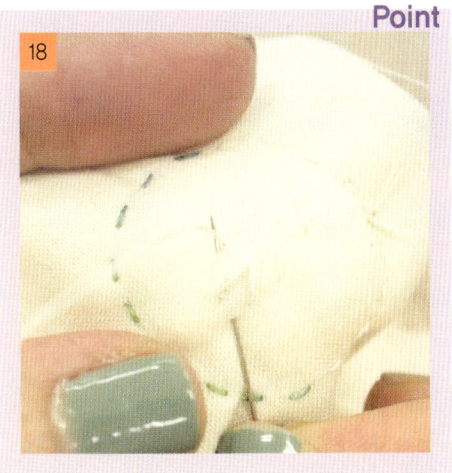
Point
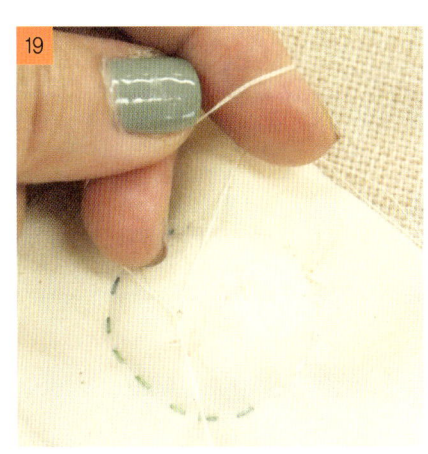

17. 뒤로 돌려 만들어 둔 창구멍으로 솜을 넣습니다. 이때 창구멍이 작기 때문에 손가락보다는 나무젓가락 같은 도구를 이용하는 것이 좋습니다.
18. 솜을 다 넣은 뒤 창구멍을 감칠질하여 막습니다.
19. 실을 돌려 빼서 매듭짓습니다.
20. 매듭지은 후 가위로 마감합니다.

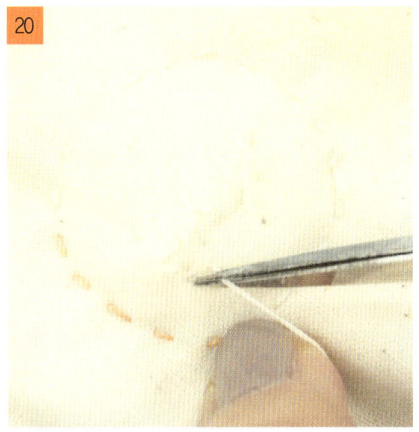

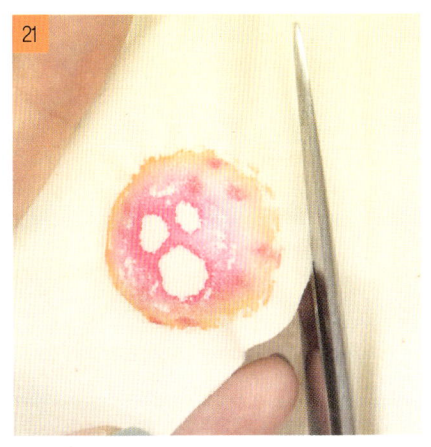

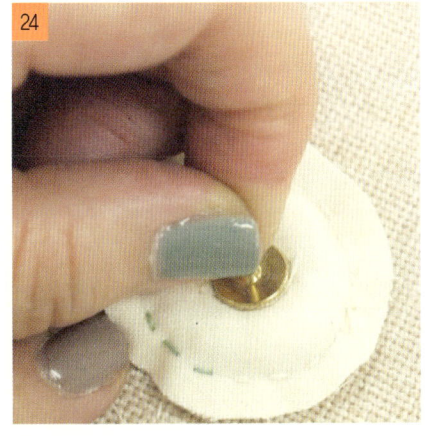

21. 스티치 밖으로 5mm 정도 여유를 두고 가위로 오립니다.
22. 앞면과 뒷면을 모두 완성한 뒤 압정을 준비합니다.
23. 압정 머리에 글루건을 쏩니다.
24. 글루가 굳기 전에 감침질된 뒷면에 압정을 붙이면 완성됩니다.

Applied Lessons 1. 패브릭 롱 페이스 자석 만들기

- 수업 적정 연령 및 수업 시간 : 초등학생 3학년 이상, 1시간

- 재료 및 도구 : 두꺼운 도화지, 아크릴 물감(검은색, 분홍색, 흰색), 세필붓 3호 1개, 2호 1개, 물컵 2개(색상별), 가위, 광목천, 리넨, 구름솜, 실, 바늘, 글루건, 연필, 자석, 면 끈

- 수업 진행 포인트 : 간단한 도형으로 패턴을 만들어 봅니다. 의인화 작업을 통해 나만의 캐릭터를 만들어 봅니다. 자석 부착 시 열이 전도될 수 있어 위험하므로 저학년 수업에서는 선생님이 부착해 줍니다.

Applied Lessons

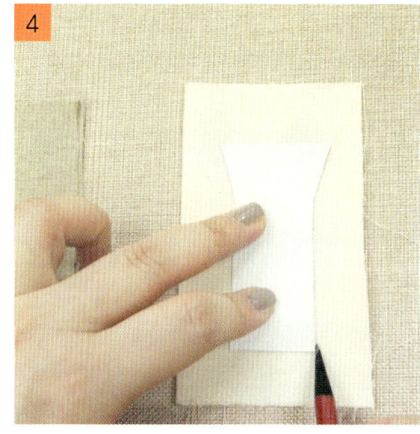

01. 두꺼운 도화지에 연필로 패턴을 그립니다. (부록 203쪽 참고)
02. 그린 패턴을 가위로 오립니다.
03. 광목천 2장을 준비합니다.
04. 광목천 위에 패턴을 올리고 연필로 그립니다.

  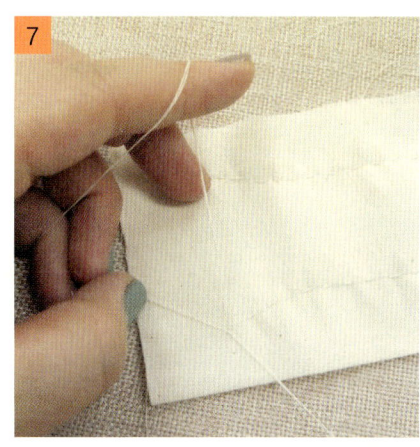

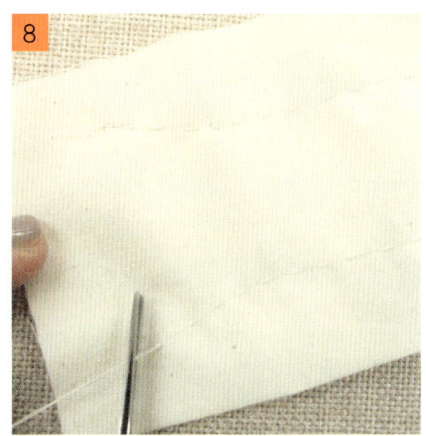

05. 위쪽 창구멍은 남겨 둡니다.
06. 창구멍부터 바느질을 시작합니다.
07. 반대쪽 창구멍까지 바느질한 뒤 매듭짓습니다.
08. 매듭짓고 남은 실을 가위로 자릅니다.

Point

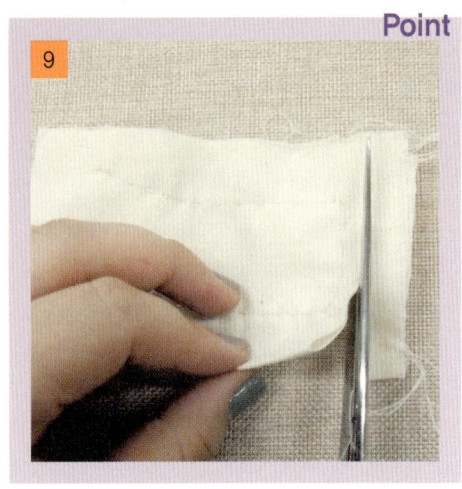
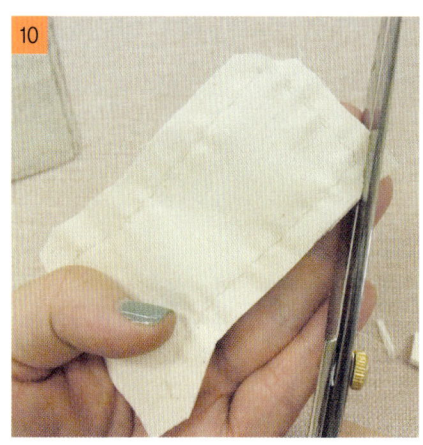
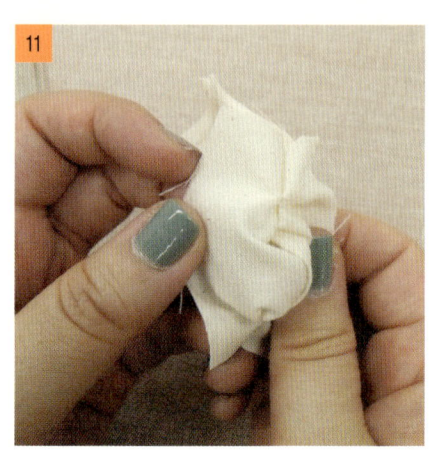
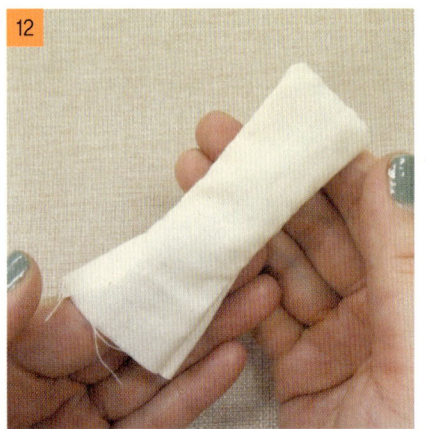

09. 바느질 선 밖으로 5mm 여유를 두고 오립니다.
10. 가위로 모서리 부분을 사선으로 오립니다.
11. 손가락을 이용하여 천을 뒤집습니다.
12. 다 뒤집은 후 모양이 잡히도록 손가락으로 폅니다.

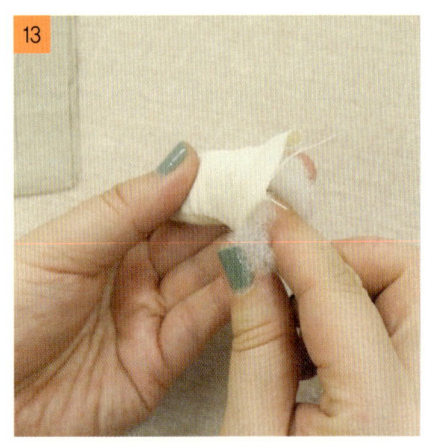

13. 구름솜을 넣습니다.
14. 구름솜을 다 넣은 후 입구 부분을 끈으로 한 번 돌립니다.
15. 돌린 끈을 묶습니다.
16. 끈을 리본 모양으로 매듭짓습니다.

Applied Lessons

17. 가장 윗부분을 가위로 깔끔하게 정리합니다.
18. 리넨으로 만든 가장 윗부분도 같은 방법으로 작업합니다.
19. 검은색 아크릴 물감을 붓에 묻혀 눈과 입을 그립니다.
20. 분홍색 아크릴 물감으로 수줍은 볼 터치를 표현합니다. 이때 물을 흠뻑 묻혀 돌려 가면서 칠합니다.

  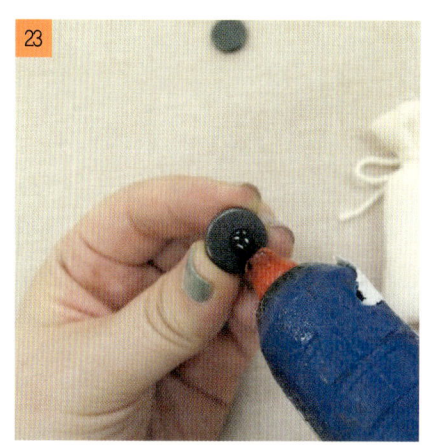

21. 리넨으로 만든 것에도 눈과 입을 그립니다.
22. 볼 터치를 표현합니다.
23. 자석에 글루건을 쏩니다.
24. 글루건을 쏜 자석이 뜨거워지기 전에 전에 인형 뒤에 붙입니다. 얼굴 모양 자석이 완성되었습니다.

Applied Lessons 2. 패브릭 강아지 집게 만들기

- 수업 적정 연령 및 수업 시간 : 초등학생 5학년 이상, 1시간 30분

- 재료 및 도구 : 두꺼운 도화지, 아크릴 물감(검은색, 분홍색, 흰색), 세필붓 3호 1개, 2호 1개, 물컵 2개(색상별), 가위, 광목천 2장, 무늬 천 2장, 종이, 솜, 나무집게, 실, 바늘, 글루건, 연필, 커팅 보드, 피스칼, 나무젓가락

- 수업 진행 포인트 : 단순한 강아지 패턴을 만들어 봅니다. 무늬 천을 사용하여 다른 느낌을 줍니다. 집게에 데코하여 실용성을 돋보이게 합니다.

Applied Lessons

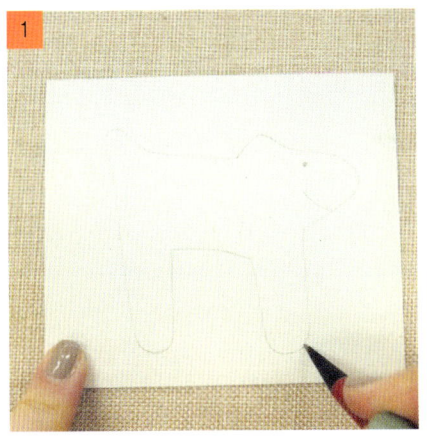  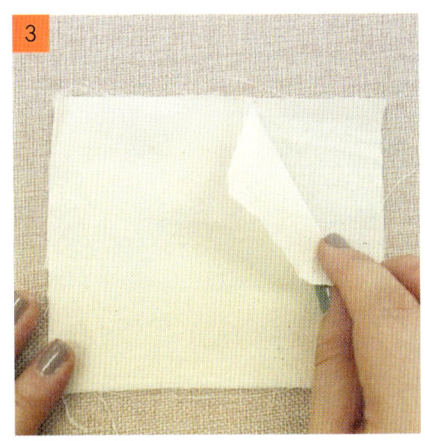

01. 두꺼운 도화지에 연필로 강아지 패턴을 그립니다. (부록 203쪽 참고)
02. 그린 패턴을 가위로 오립니다.
03. 광목천 2장을 준비합니다.
04. 무늬 천 2장을 준비합니다.

 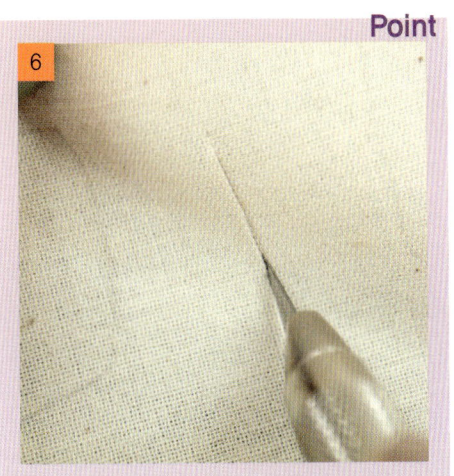 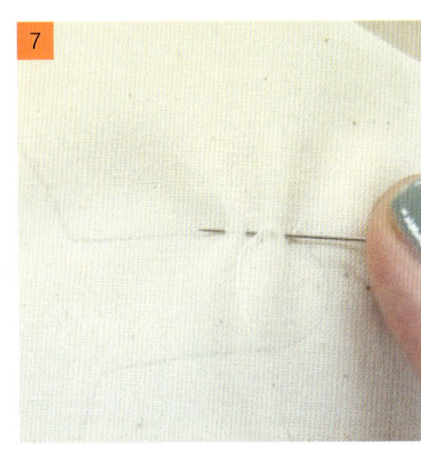

Point

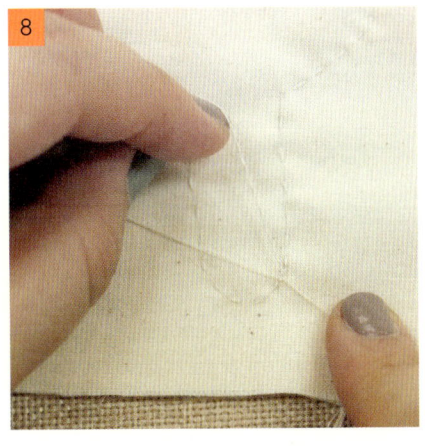

05. 준비한 천 위에 패턴을 올리고 외곽선을 그립니다.
06. 창구멍을 만들기 위해 그림 그린 쪽 천을 1장 떼어 내서 커팅 보드 위에 올린 뒤 피스칼로 적당히 오립니다.
07. 다시 천 2장을 겹친 뒤 스티치 작업을 시작합니다. 스티치 작업을 하면 바늘땀이 보입니다.
08. 실을 매듭지어 마무리합니다.

Point

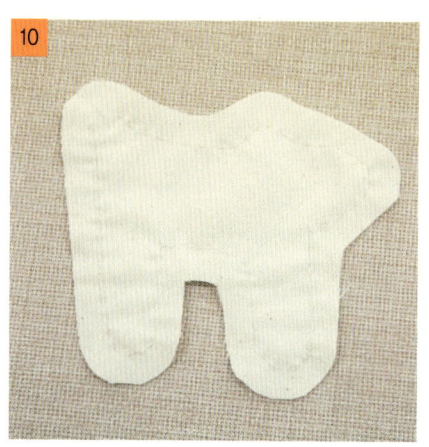
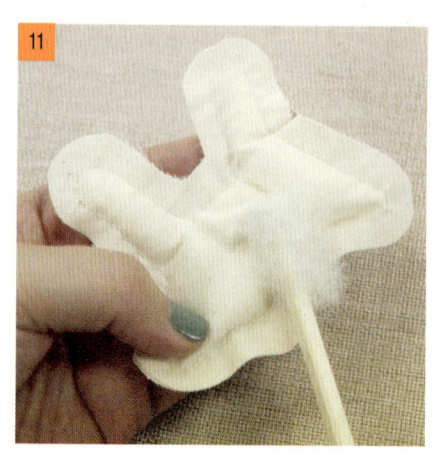

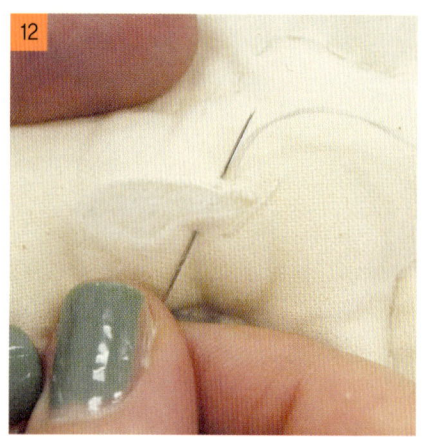

09. 마무리 후 바느질 선 밖으로 5~7mm 여유를 두고 선을 따라 오립니다.
10. 천을 오린 후의 모습입니다.
11. 창구멍으로 솜을 넣습니다. 이때 손가락으로 넣는 것이 힘들면 나무젓가락을 이용합니다.
12. 창구멍을 감침질합니다.

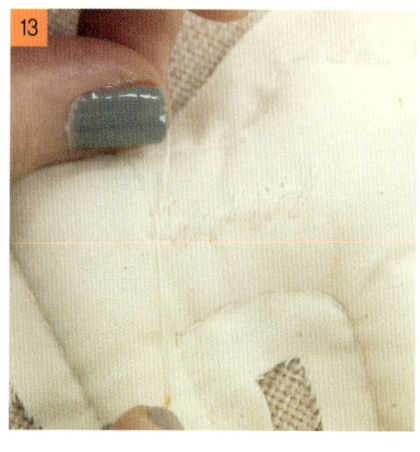
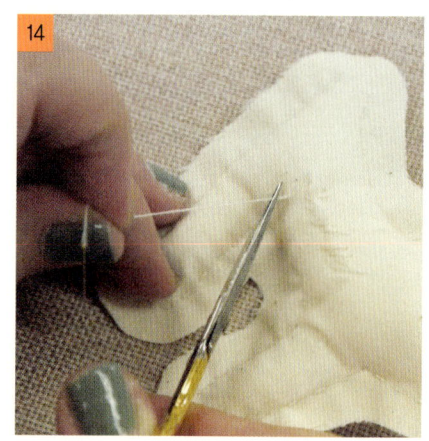
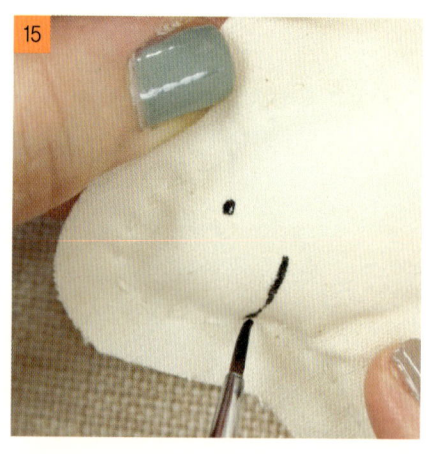

13. 실을 매듭지어 마감합니다.
14. 남은 실을 가위로 오립니다.
15. 창구멍이 없는 쪽에 강아지 얼굴을 그립니다.
16. 얼굴 옆에 의미 있는 메시지 등과 같은 글을 씁니다.

Applied Lessons

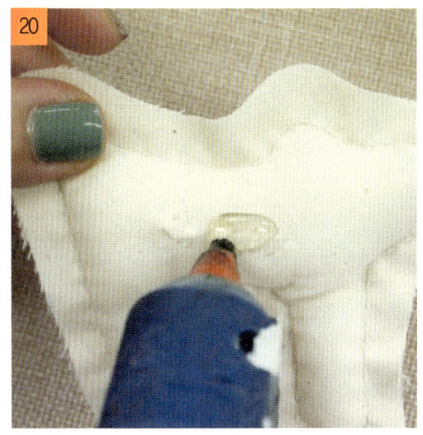

17. 생기 있는 볼 터치를 합니다.
18. 무늬 있는 천 역시 같은 방법으로 작업합니다.
19. 바느질한 반대쪽 얼굴에 눈과 입을 그립니다.
20. 창구멍을 감침질한 쪽에 글구건을 쏩니다.

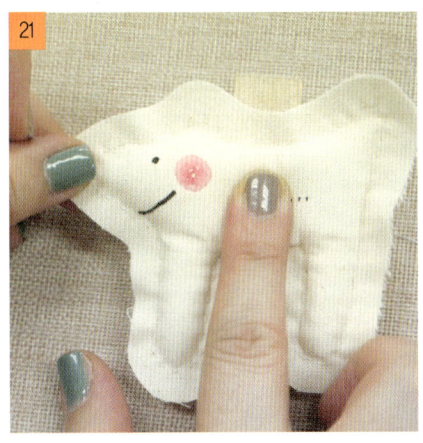

21. 글루건을 쏜 곳에 나무집게를 붙여 완성합니다.

Applied Lessons 3. 패브릭 리넨 레이스 진주 카드 만들기

- **수업 적정 연령 및 수업 시간** : 초등학생 5학년(키드 사용 시 3학년) 이상, 1시간 30분
- **재료 및 도구** : 아크릴 물감(검은색), 가위, 리넨, 체크무늬 천, 리넨 테이프, 두꺼운 도화지, 머메이드지, 양면테이프, 자, 글루건, 연필, 커팅 보드, 커터칼, 진주알, 딱풀, 레이스, 붓

- **수업 진행 포인트** : 패브릭 카드 제작의 기본을 익힙니다. 2가지 천으로 다른 느낌을 줍니다. 레이스, 진주알, 리넨 테이프로 데코해 봅니다.

Applied Lessons

 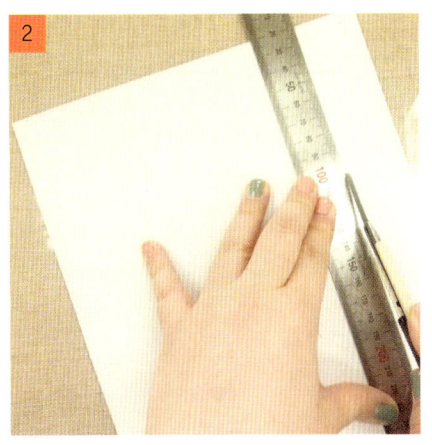 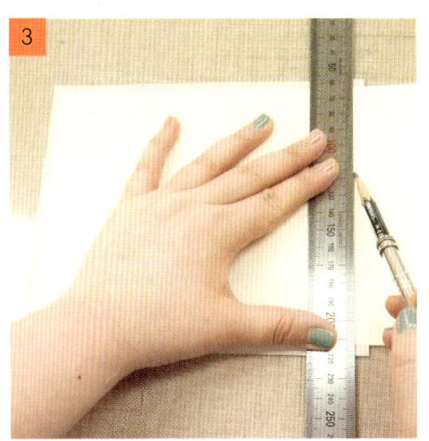

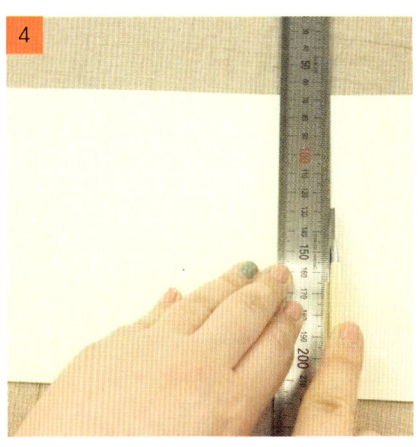

01. 두꺼운 도화지에 카드 겉지 크기에 맞게 연필로 선을 그립니다.(기본 사이즈 190×160mm)
02. 연필로 그린 선을 따라 커터칼로 오립니다.
03. 겉지보다 작게 속지 재단 선을 그립니다.(기본 사이즈 180×150mm)
04. 연필로 그린 선을 따라 커터칼로 오립니다.

Point

05. 2종류의 천으로 두꺼운 도화지를 쌀 것입니다. 천의 위쪽과 아래쪽을 맞춥니다.(천 사이즈 약 230×110mm)
06. 먼저 위쪽을 쌀 리넨 위에 두꺼운 도화지를 놓고 약 20mm 여유를 주고 재단합니다. 이때 위쪽 천이 아래쪽 천보다 약간 좁아야 예쁩니다.
07. 두꺼운 도화지의 위쪽 천을 붙일 좁은 면에 먼저 풀칠합니다.
08. 천을 두꺼운 도화지에 붙입니다.

 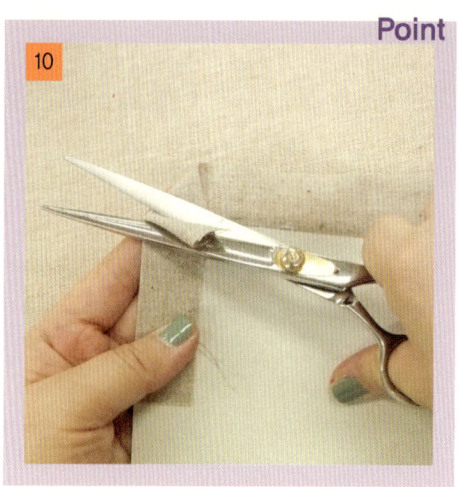 

09. 반대쪽 좁은 면의 천을 붙입니다.
10. 삼각형이 되도록 천을 반으로 접은 후 안쪽 부분의 접힌 삼각형 부분을 가위로 오립니다.
11. 오리고 남은 삼각형 부분에 풀칠한 뒤 안쪽으로 삼각형이 되도록 접습니다.
12. 천의 접은 부분에 풀칠하여 붙입니다.

13. 아래쪽 체크무늬 천을 붙이기 전에 미리 대봅니다. 이때 먼저 붙인 리넨 위에 약간 올려 붙이는 것이 좋습니다.
14. 먼저 붙인 리넨 위에 딱풀을 바릅니다. 이때 리넨 아래에도 살짝 딱풀을 발라 리넨이 종이에도 붙을 수 있게 합니다.
15. 체크무늬 천을 붙입니다.
16. 뒤로 돌려 종이보다 20mm 정도 여유 있게 오립니다.

Applied Lessons

Point

17. 리넨과 동일한 방법으로 풀칠한 뒤 접어 붙입니다.
18. 레이스를 리넨 끝에 맞추어 위치를 잡습니다.
19. 레이스를 양쪽으로 20mm 길게 오립니다.
20. 카드를 돌려서 20mm 길게 오린 레이스에 딱풀을 바릅니다.

21. 레이스를 안쪽에 먼저 붙여 고정시킵니다.
22. 겉지에 붙일 때 레이스 안쪽에 딱풀을 바르면 깨끗하게 붙일 수 있습니다.
23. 레이스를 카드 위에 붙입니다.
24. 반대쪽 끝도 붙입니다.

25. 카드 겉지를 반으로 접습니다.
26. 재단해 둔 속지 사면 끝에 양면테이프를 붙입니다.
27. 양면테이프를 붙인 곳이 바깥으로 오도록 속지를 반으로 접습니다.
28. 반으로 접은 속지의 양면테이프 보호지를 뜯은 뒤 반으로 접은 겉지에 안쪽 중앙부터 붙입니다.

29. 중앙을 먼저 붙인 뒤 바깥쪽으로 나가며 속지를 붙입니다.
30. 준비한 진주알들을 레이스 위에 놓아 봅니다.
31. 진주알 붙일 곳에 글루건을 쏩니다.
32. 진주알을 붙입니다.

Applied Lessons

 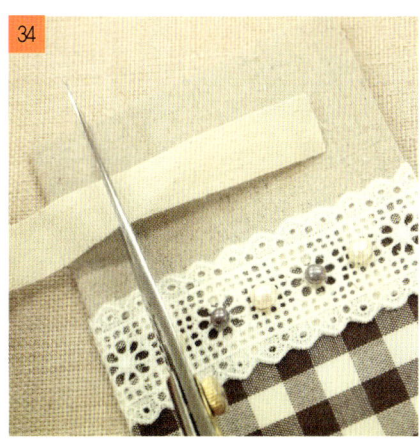 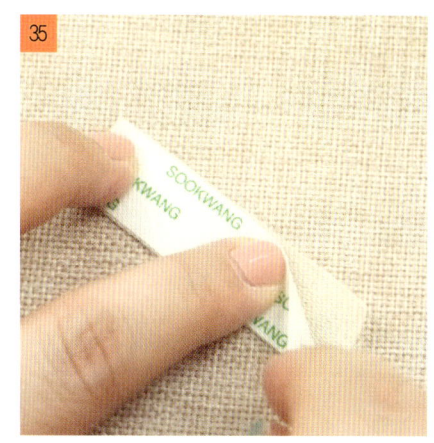

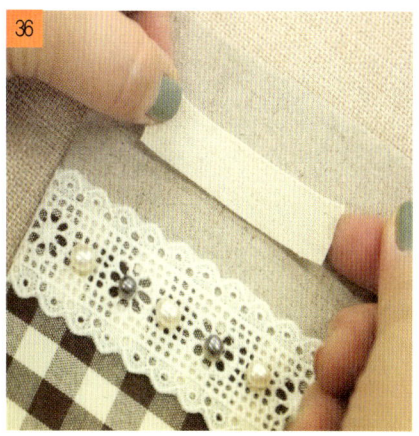

33. 앞에서 놓아 본 대로 진주알을 모두 붙입니다.
34. 리넨 테이프를 적당한 길이로 자릅니다.
35. 리넨 테이프에 양면테이프를 붙입니다.
36. 레이스 위쪽에 리넨 테이프를 붙입니다.

37. 적당한 글을 써서 완성합니다.

Applied Lessons 4. 패브릭 미니 아코디언 초대장 만들기

- 수업 적정 연령 및 수업 시간 : 초등학생 5학년 이상, 1시간 30분

- 재료 및 도구 : 가위, 광목천 30수, 리넨 꽃 천, 리넨 기본 천, 두꺼운 도화지, 면 끈, 자, 글루건, 연필, 커팅 보드, 커터칼, 딱풀, 레이스, 타공기, 네임펜, 유성펜

- 수업 진행 포인트 : 아코디언 형식의 초대장 제작 방법을 익힙니다. 다양한 천으로 서로 다른 느낌을 주어 봅니다. 면 끈과 태그로 예쁘게 데코해 봅니다.

Applied Lessons

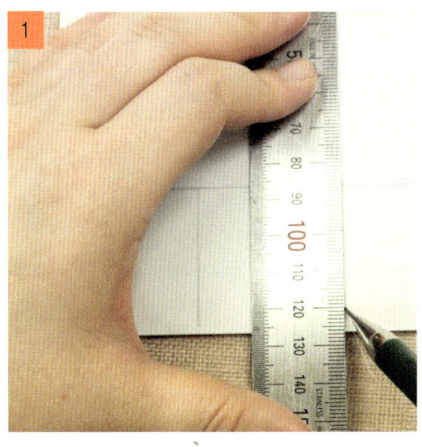 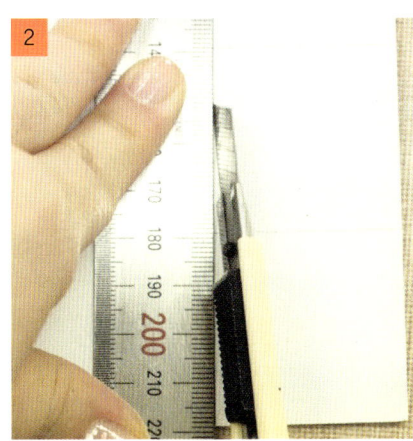 

01. 두꺼운 도화지에 정사각형 4개를 그립니다.(40×40mm)
02. 커터칼로 오려 겉지 만들 준비를 합니다.
03. 겉지를 천 위에 올려놓고 천을 종이보다 15mm 정도 크게 가위로 자릅니다.
04. 다른 겉지도 같은 방법으로 자릅니다.

Point

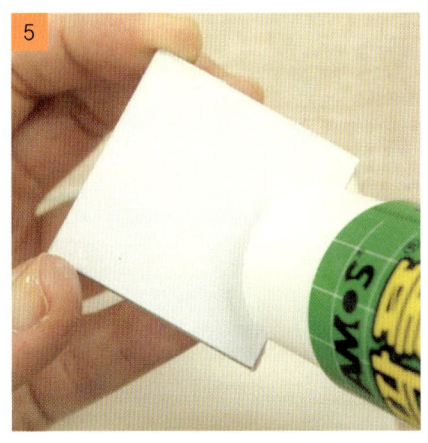  

05. 겉지 1면에 딱풀을 바릅니다.
06. 딱풀 바른 겉지를 천 중앙에 붙입니다.
07. 겉지 밖으로 나온 천을 가위로 오려 정리한 뒤 풀질합니다.
08. 한쪽 천부터 붙인 뒤 반대쪽 천도 붙입니다.

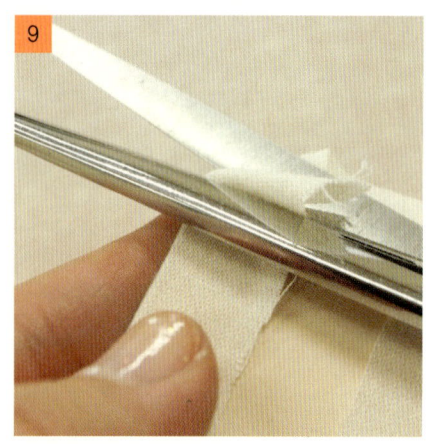

Point

09. 천을 삼각형으로 접은 뒤 가위로 자릅니다.
10. 천에 풀칠한 뒤 접어 붙입니다.
11. 나머지 부분도 동일하게 붙입니다.
12. 천을 겉지에 모두 붙인 모습입니다.

13. 나머지 겉지도 같은 방법으로 천에 붙입니다.
14. 겉지 위에 레이스를 대각선으로 올려놓고 가위로 자릅니다.
15. 레이스에 풀칠합니다.
16. 겉지 안쪽부터 레이스를 붙인 뒤 바깥쪽을 붙입니다.

Applied Lessons

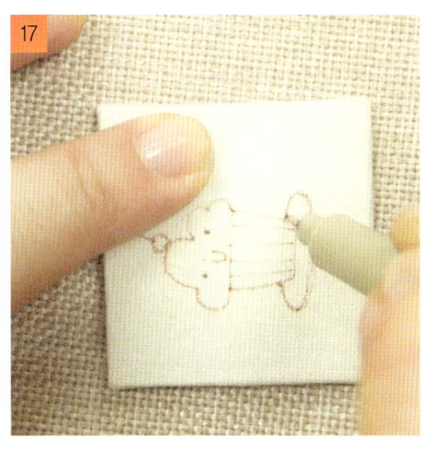  

17. 겉지에 가는 유성펜으로 컵케이크를 그립니다. (부록 201쪽 참고)
18. 네임펜으로 하트를 그리고 색칠합니다.
19. 유성펜으로 적당한 글을 씁니다.
20. 카드 뒷면 겉지에 하트를 그리고 글을 씁니다.

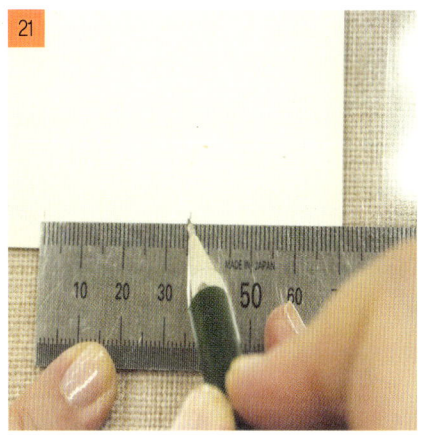  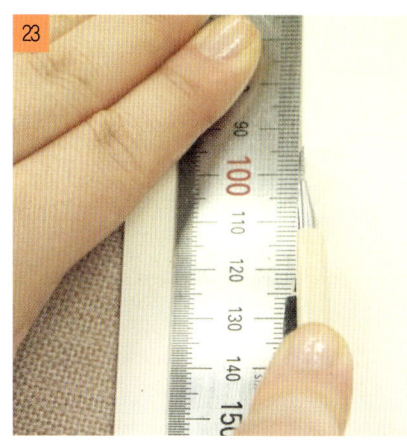

Point

21. 아코디언 초대장 속지를 만들기 위해 가로 35mm 위치에 표시합니다.
22. 세로 길이를 정하여 선을 긋습니다. 이때 세로 길이는 원하는 길이로 정합니다. 만약 긴 종이가 없다면 2장을 이어 붙여도 됩니다.
23. 표시한 선을 따라서 종이를 자릅니다.
24. 자른 속지를 겉지에 대고 폭 길이를 잽니다. 폭 길이는 35mm가 적당합니다.

25. 왼쪽으로 먼저 접기 시작합니다.
26. 지그재그로 접습니다.
27. 다른 속지도 접습니다.
28. 속지 첫 면에 글루건을 쏩니다.

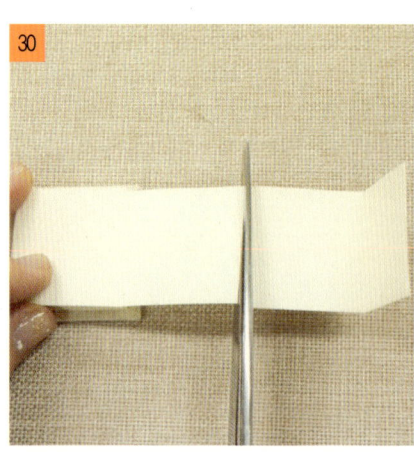

29. 속지의 글루건 쏜 면을 겉지에 붙입니다.
30. 마지막 속지가 위로 오도록 남은 종이를 자릅니다.
31. 마지막 속지에 글루건을 쏘아 붙입니다.
32. 다른 하나도 같은 방법으로 만듭니다.

Applied Lessons

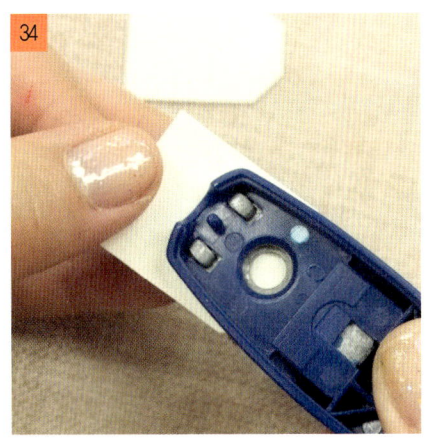

33. 남은 종이로 태그를 만듭니다. 종이를 초대장보다 조금 작게 오린 뒤 상단의 모서리 부분을 사선으로 오립니다.
34. 타공기로 구멍을 뚫습니다.
35. 구멍 주변에 네임펜으로 색을 칠하고 유성펜으로 태그 바깥쪽에 스티치를 그립니다.
36. 네임펜으로 'To' 라고 씁니다. 여기에는 초대장 받을 친구의 이름을 쓰면 됩니다.

37. 또 하나의 태그도 동일한 방법으로 준비해 꾸미고 귀여운 아이콘을 그립니다.
38. 면 끈을 십자 모양으로 묶고 풀리지 않도록 매듭을 한 번 짓습니다.
39. 한쪽 끈에 태그를 끼웁니다.
40. 태그 끼운 끈을 매듭지어 빠지지 않도록 합니다. 다른 미니 아코디언 초대장도 같은 방법으로 완성합니다.

Applied Lessons 5. 패브릭 드로잉 아코디언 앨범 만들기

- **수업 적정 연령 및 수업 시간** : 초등학생 5학년 이상, 1시간 30분
- **재료 및 도구** : 아크릴 물감(검은색, 빨간색), 세필붓 3호 1개, 2호 1개, 물컵, 가위, 리넨, 두꺼운 도화지, 머메이드지, 양면테이프, 자, 연필, 커팅 보드, 커터칼, 폴더, 딱풀
- **수업 진행 포인트** : 세밀한 그림과 글자를 아코디언 앨범 겉지에 그립니다.

Applied Lessons

  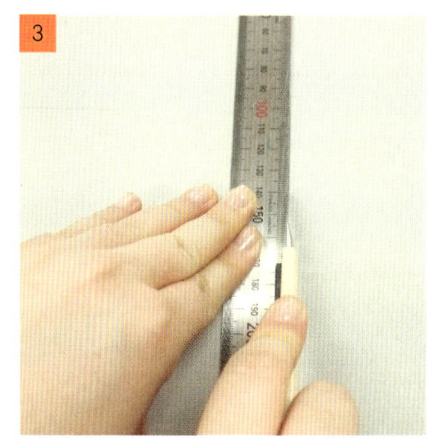

01. 두꺼운 도화지에 앨범 겉지 크기를 표시합니다. 이때 크기는 사진의 크기를 고려해서 정하면 됩니다.(기본 사이즈 130×160mm)
02. 앞면과 뒷면 2장이 나오도록 선을 긋습니다.
03. 그은 선대로 커터칼로 오립니다.
04. 리넨 위에 재단한 두꺼운 도화지를 올리고 그보다 사방 20mm 크게 리넨을 재단합니다.

 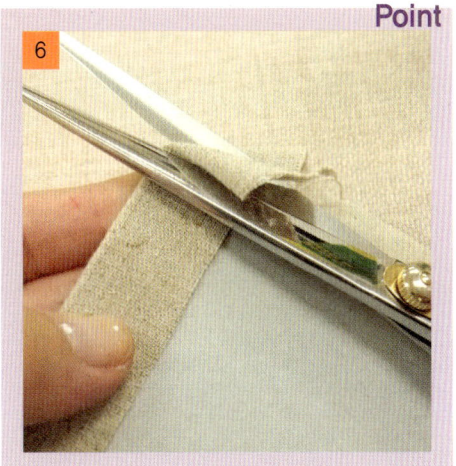 

Point

05. 위쪽과 아래쪽 리넨에 풀칠한 뒤 두꺼운 도화지에 붙입니다.
06. 옆쪽의 리넨을 붙이기 위해 삼각형으로 접은 뒤 가위로 자릅니다.
07. 남은 삼각형 부분에 풀칠한 뒤 안쪽으로 삼각형이 되도록 접습니다.
08. 나머지 리넨에 풀칠하여 붙입니다.

09. 480×150mm로 재단한 속지를 먼저 반으로 접습니다. 이때 머메이드지처럼 결이 있거나 무늬가 있는 종이를 쓸 경우에는 무늬가 안쪽으로 들어가게 접습니다.
10. 폴더(깔끔하게 접기 위한 도구)를 이용해 누릅니다.
11. 한쪽을 접힌 쪽을 바라보도록 끝에 맞추어 접습니다.
12. 나머지 한쪽도 반대편 끝에 맞추어 접습니다.

13. 양면테이프를 사방에 붙입니다.
14. 앞 겉지에 먼저 붙입니다.
15. 뒤 겉지에 마저 붙입니다.
16. 빨간색 아크릴 물감으로 앞표지에 아기자기한 하트 무늬를 그립니다.

Applied Lessons

17. 검은색 아크릴 물감으로 하트 무늬 아래쪽에 줄기를 그립니다.
18. 줄기 옆에 잎을 그립니다.
19. 줄기와 겹치도록 글을 씁니다.
20. 하트 무늬에 귀여운 눈을 그립니다.

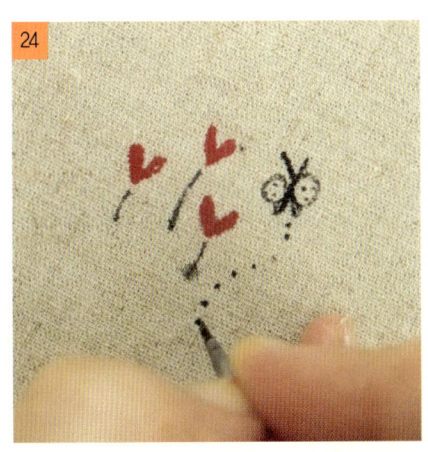

21. 날아오르는 나비 1마리를 그립니다.
22. 앨범 위쪽 중앙에 앨범 제목을 씁니다.
23. 뒤표지에 하트 무늬와 검은색 줄기를 그립니다.
24. 나비 1마리를 그립니다. 속지에 추억이 담긴 사진을 붙이면 멋진 패브릭 아 코디언 앨범이 완성됩니다.

CHAPTER 5.
미야네 봉제 캐릭터 팬시 아트 배우기

Basic Lessons. 봉제 인형 '나나'와 '폴' 만들기

- **수업 적정 연령 및 수업 시간** : 초등학생 3학년 이상, 1시간 30분
- **재료 및 도구** : 두꺼운 종이 1장, 샤프, 광목천 30수, 패브릭용 아크릴 물감(흰색, 분홍색, 코발트블루, 검은색), 세필붓 3호 2개, 2호 1개, 물컵 3개(색상별), 재단용 가위, 쪽가위, 나무젓가락, 솜(밥풀솜, 구름솜), 바늘, 실, 포일, 물
- **수업 진행 포인트** : 저학년 수업 진행 시 봉제 반제를 사용하여도 됩니다. 바느질은 엉성하게 해도 자연스러운 맛이 있습니다. 광목천에 드로잉할 때 물의 양을 충분히 하여 스며들면서 퍼지게 하는 효과를 주도록 합니다.

Basic Lessons

 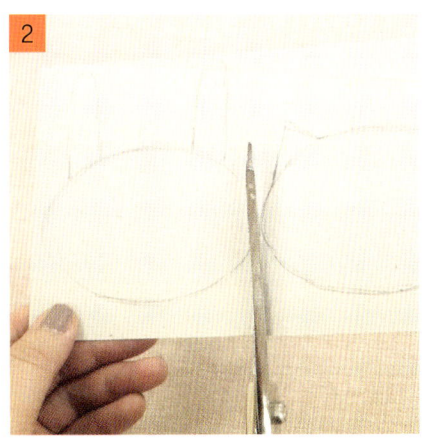 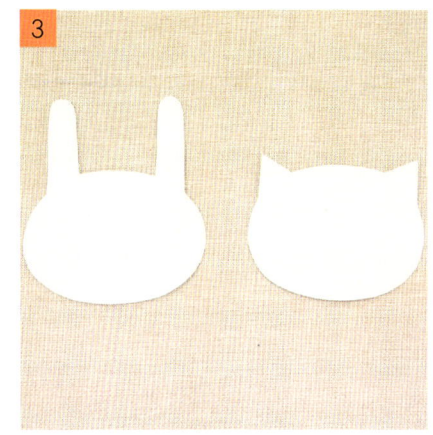

01. 준비된 두꺼운 종이 위에 토끼 인형 나나와 고양이 인형 폴을 그립니다.(부록 205쪽 참고)
02. 두꺼운 종이 위에 그린 나나와 폴을 가위로 오립니다.
03. 인형 패턴이 완성되었습니다.
04. 광목천 2장을 겹쳐서 준비합니다. 이때 너무 두껍지 않은 광목천 30수를 사용합니다.

  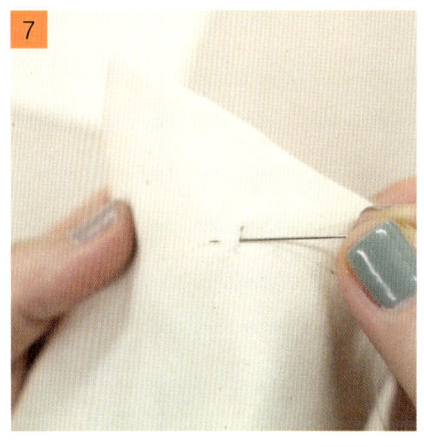

Point

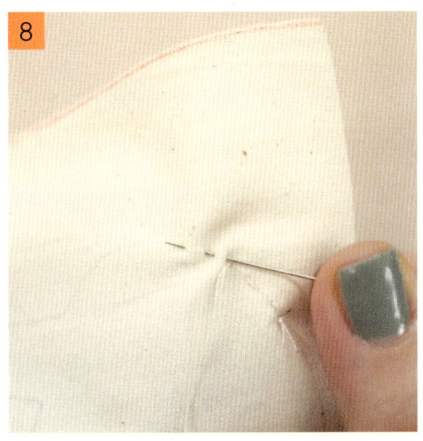

05. 2장을 겹쳐 놓은 광목천 위에 03에서 만든 인형 패턴을 놓고 본을 뜹니다.
06. 본을 뜬 후 솜 넣을 창구멍을 표시합니다.
07. 본뜬 모양을 따라 창구멍 표시선부터 홈질합니다.
08. 홈질할 때 바늘땀은 솜이 빠져나가지 않을 정도로만 하면 됩니다. 너무 촘촘하지 않아도 됩니다.

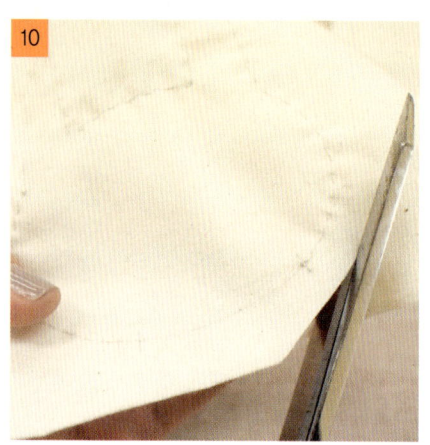
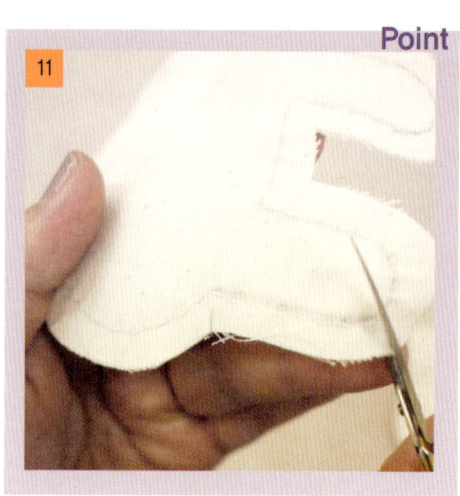

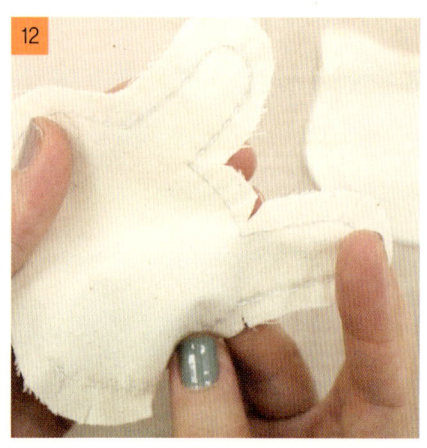

09. 창구멍 표시 선까지 홈질한 후 실을 매듭지어 마무리합니다. 이때 창구멍은 남겨 둡니다.
10. 홈질한 곳 7mm 바깥쪽으로 인형 모양을 따라 가위로 오립니다.
11. 모양 선을 따라 가위집을 냅니다.
12. 가위집은 둥근 부분, 모서리 부분, 구석진 부분에 넣는데 이는 뒤집었을 때 천이 울지 않게 하기 위한 것입니다.

13. 창구멍 쪽으로 천을 뒤집습니다.
14. 좁은 귀 부분은 나무젓가락을 이용하여 꼼꼼히 뒤집습니다.
15. 창구멍을 통해 솜을 넣습니다. 이때 좁은 귀 부분에는 밥풀 솜을 넣습니다.
16. 인형 얼굴처럼 넓은 부분에는 구름 솜을 넣습니다. 이때 손가락을 이용하여 폭신할 정도로 넣습니다.

Basic Lessons

Point

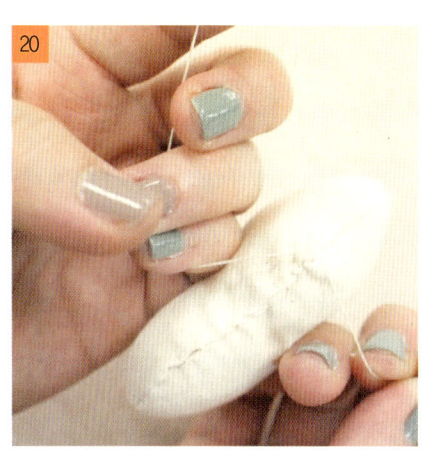

17. 솜을 넣은 후 솜의 양이 적당한지 알아보기 위해 손가락으로 꾹 눌러 봅니다. 이때 살짝 들어갈 정도면 됩니다.
18. 창구멍을 잘 정리하여 서로 맞물리도록 손가락으로 쥡니다.
19. 맞물린 창구멍을 잘 잡고 감침질하거나 공글러 막습니다. 볼펜에 사용할 때는 먼저 막지 않습니다.
20. 바느질을 끝낸 후 잘 매듭짓습니다.

Point

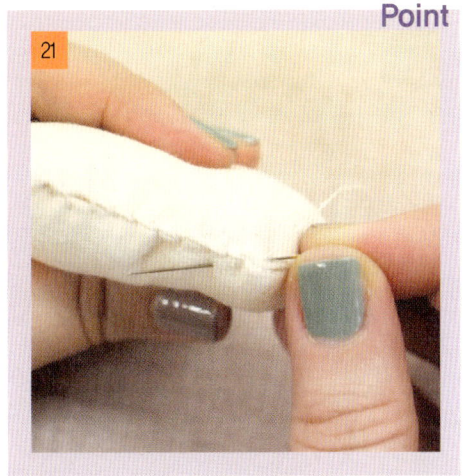  

21. 매듭이 보이지 않도록 한 번 더 바늘로 천을 뜹니다
22. 실을 쭉 잡아당기면 매듭이 인형 안쪽으로 숨어 들어갑니다.
23. 분홍색 나나를 만들기 위해 포일 위에 흰색 패브릭용 아크릴 물감과 분홍색 패브릭용 아크릴 물감을 준비합니다.
24. 그러데이션 효과를 주기 위해 두 색을 섞어 옅은 분홍색이 되도록 합니다.

25. 귀 끝에서부터 분홍색 물감에 물을 섞어 묽게 칠합니다.
26. 옅은 분홍색 물감을 귀 아래쪽부터 묽게 칠합니다. 이때 분홍색 물감과 옅은 분홍색 물감 사이를 띄우고 칠합니다.
27. 물감이 마르기 전에 2색의 경계 부분을 자연스럽게 번지듯이 칠합니다. 이때 물을 너무 적게 쓰면 안 됩니다.
28. 파란색 폴을 만들기 위해 흰색과 코발트블루 패브릭용 아크릴 물감을 23, 24와 같은 방법으로 준비합니다.

  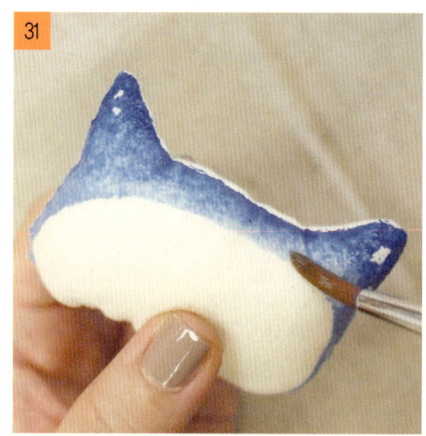

29. 귀 끝에서 부터 파란색 물감을 묽게 칠합니다.
30. 파란색 물감에 물을 듬뿍 발라 파란색 물감 아래쪽에 칠합니다.
31. 물감이 마르기 전에 2색의 경계 부분을 물로 잘 섞어 칠합니다.
32. 눈, 코, 입을 그릴 검은색 물감을 미리 준비합니다.

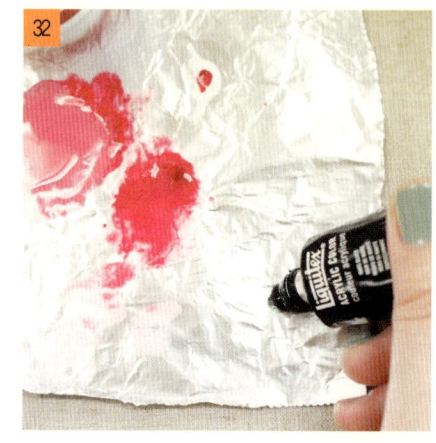

Basic Lessons

  Point

33. 나나의 볼 터치를 반짝이도록 하기 위해 하얀 부분을 조금씩 남기고 동그랗게 분홍색 물감을 칠합니다.
34. 동그란 볼 터치 부분이 마르기 전에 물만 흠뻑 묻힌 붓을 이용하여 번지듯이 크게 원을 그립니다. 이때 물을 조금만 묻히면 번지는 효과가 나지 않고 커진 효과만 나므로 주의합니다.
35. 검은색 물감으로 나나의 눈과 입을 자유롭게 그립니다.
36. 폴의 볼 터치도 나나와 동일한 방법으로 표현합니다.

  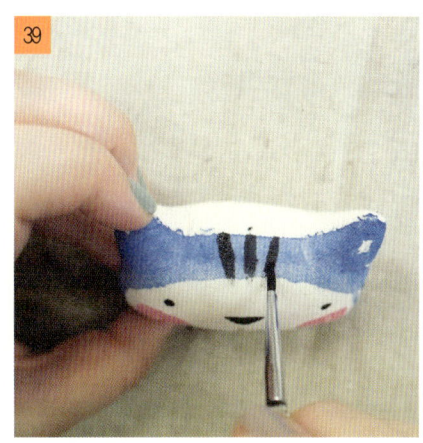

 Point

37. 폴의 눈, 코, 입 또한 나나처럼 원하는 스타일로 작업하면 됩니다. 폴은 코까지 그렸습니다.
38. 폴의 입을 그립니다.
39. 폴의 얼굴 위쪽에 고양이의 털 패턴을 그립니다.
40. 얼굴 쪽의 고양이 털 패턴을 그릴 때는 얼굴의 볼 터치 물감이 마른 뒤 그려야 합니다. 그러지 않으면 분홍색 볼 터치가 검은색으로 물들 수 있습니다.

Applied Lessons 1. '나나'와 '폴' 봉제 핀 버튼 만들기

- **수업 적정 연령 및 수업 시간** : 초등학생 3학년 이상, 1시간 30분(봉제 인형 키트 사용 시 30~40분 소요)
- **재료 및 도구** : 봉제 인형(패턴 대체, 도안 참고), 패브릭용 아크릴 물감(흰색, 검은색, 분홍색, 주황색, 노란색, 연두색), 세필붓 3호 2개, 2호 1개, 물컵 3개(색상별), 포일, 핀 버튼 2개, 글루건, 물
- **수업 진행 포인트** : 어린이들이 글루건을 사용할 때 손을 데일 수 있으므로 핀 버튼은 미리 붙여 주는 것이 좋습니다. 캐릭터의 다양한 표정을 표현할 수 있도록 합니다. 2가지 배색 계통색을 이용하여 색칠할 수 있도록 합니다.

Applied Lessons

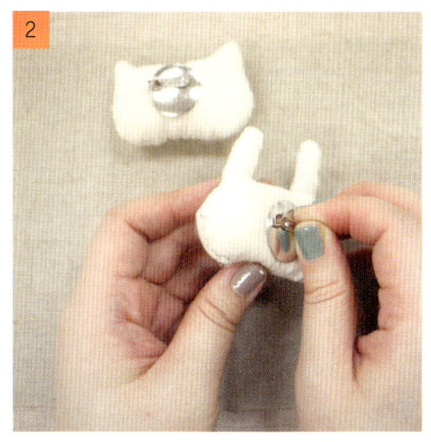
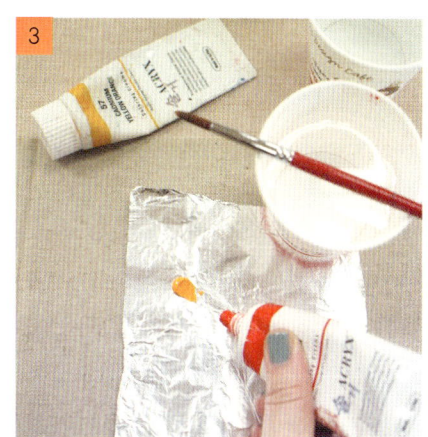

01. 준비한 핀 버튼에 글루건을 쏩니다. 이때 핀 버튼이 뜨거울 수 있으므로 손을 데지 않도록 주의합니다.
02. 글루건이 살짝 굳기 시작하면 핀 버튼을 준비한 인형 뒤쪽에 붙입니다. 이때 글루건이 옆으로 샐 수 있으므로 처음부터 힘 있게 누르지 말고 서서히 누릅니다.
03. 노란색과 짙은 주황색 패브릭용 아크릴 물감을 포일 위에 준비합니다.
04. 나나의 귀 아래쪽에 노란색 패브릭용 아크릴 물감으로 먼저 칠합니다.

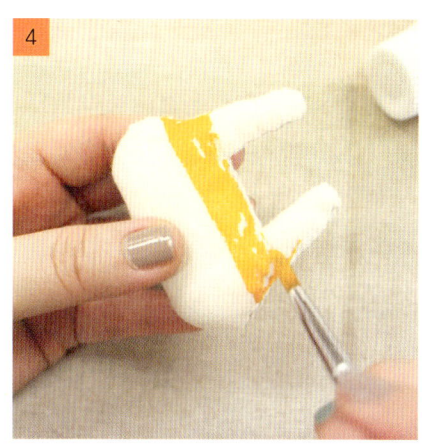

Point

05. 노란색보다 짙은 색인 주황색은 귀 위쪽부터 칠합니다.
06. 노란색과 주황색 중간 부분에 물을 묻힌 붓으로 칠합니다.
07. 폴의 머리 위쪽에 연두색 패브릭용 아크릴 물감을 칠합니다.
08. 연두색 패브릭용 아크릴 물감에 물을 묻혀 나머지 부분을 칠합니다.(Basic Lessons 참고)

09. 나나에게 칠한 패브릭용 아크릴 물감이 어느 정도 마른 뒤 검은색 패브릭용 아크릴 물감으로 눈을 그립니다. 표정을 다양하게 표현하면 좋습니다. 여기에서는 윙크하는 나나를 표현했습니다.

10. 밝은 표정의 입 모양을 그립니다.

11. 수줍은 볼 터치를 표현합니다.

12. 입술에 분홍색 패브릭용 아크릴 물감을 칠합니다.

13. 검은색 패브릭용 아크릴 물감으로 폴의 눈을 그립니다. 여기에서는 꿀밤 맞은 폴의 표정을 표현해 보았습니다.

14. 코를 귀엽게 표현합니다.

15. 꾹 다문 입을 그립니다.

16. 발그레한 볼 터치를 빠뜨리지 않고 그립니다.

Applied Lessons 2. '나나'와 '폴' 봉제 자석 만들기

- **수업 적정 연령 및 수업 시간** : 초등학생 3학년 이상, 1시간 30분(봉제 인형 키트 사용 시 30~40분 소요)
- **재료 및 도구** : 봉제 인형(패턴 대체, 도안 참고), 고체 수채화 물감, 일반 수채화 물감, 세필붓 3호 2개, 2호 1개, 물컵 3개(색상별), 문구용 자석 2개, 글루건
- **수업 진행 포인트** : 어린이들이 글루건을 사용할 때 손을 데일 수 있으므로 자석을 미리 붙여 주는 것이 좋습니다. 아크릴 물감 외의 다른 물감을 이용하여 채색하는 방법을 알아봅니다.

Applied Lessons

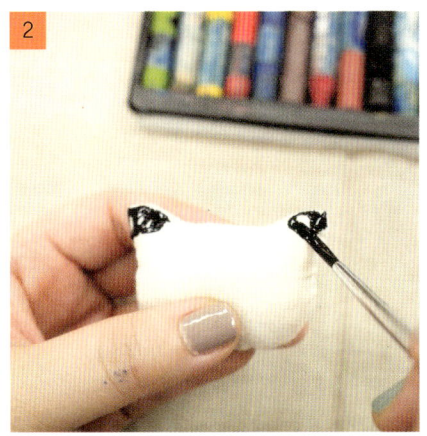

01. 물 묻힌 붓에 검은색 고체 수채화 물감(일반 수채화 물감 대체 가능)을 묻힙니다.
02. 고양이 인형 폴의 양쪽 귀에 검은색 고체 수채화 물감을 칠합니다.
03. 검은색 고체 수채화 물감을 폴의 얼굴 주변에 칠한 후 물을 이용해 풉니다.
04. 토끼 인형 나나의 귀에 칠할 빨간색 고체 수채화 물감을 물 묻힌 붓에 묻힙니다.

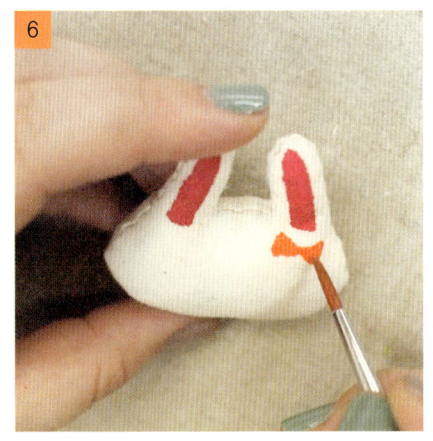

05. 빨간색 고체 수채화 물감을 나나의 귀 안쪽에 칠합니다.
06. 붓에 주황색 고체 수채화 물감을 묻혀 왼쪽 귀 아래쪽에 포인트로 예쁜 리본을 그립니다.
07. 검은색 고체 수채화 물감으로 눈을 그립니다.
08. 고양이 인형 폴의 코를 그립니다.

09. 고양이 인형 폴의 활짝 웃는 입을 검은색 고체 수채화 물감으로 그립니다.
10. 토끼 인형 나나의 눈을 검은색 고체 수채화 물감으로 그립니다.
11. 토끼 인형 나나의 입과 이빨을 귀엽게 그립니다.
12. 토끼 인형 나나의 볼 터치를 빨간색 고체 수채화 물감으로 표현합니다.

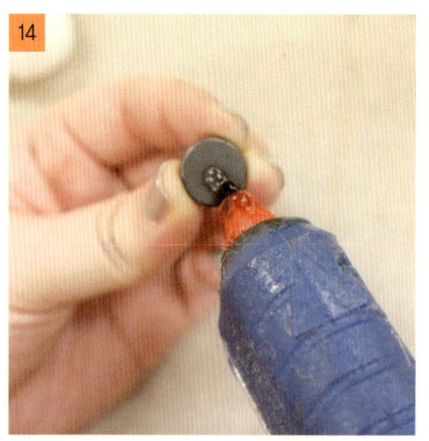

13. 고양이 인형 폴의 볼 터치를 빨간색 고체 수채화 물감으로 표현합니다.
14. 자석에 글루건을 쏩니다. 이때 자석이 뜨거울 수 있으므로 주의합니다.
15. 자석을 나나와 폴의 뒷부분에 붙입니다. 이때 글루건이 살짝 굳은 후 붙이는 것이 좋습니다.

Applied Lessons

나나와 폴 봉제 인형 문구 제품

Applied Lessons 3. '나나'와 '폴' 봉제 머리핀 만들기

- **수업 적정 연령 및 수업 시간** : 초등학생 3학년 이상, 1시간 30분(봉제 인형 키트 사용 시 30분 소요)
- **재료 및 도구** : 봉제 인형(패턴 대체, 도안 참고), 수채화 물감(보라색, 검은색, 분홍색, 노란색, 주황색, 빨간색), 가위, 머리핀 대, 실, 바늘, 붓, 팔레트, 글루건
- **수업 진행 포인트** : 수채화 물감의 농담 조절 방법을 배우고 나나와 폴을 다양한 색상으로 그릴 수 있도록 합니다. 아울러 캐릭터의 다양한 표정을 자유롭게 그릴 수 있도록 합니다.

Applied Lessons

Point

01. 나나의 귀와 머리를 보라색으로 칠하기 위해 팔레트에 보라색 수채화 물감을 풉니다. 이때 붓에 물을 흠뻑 적셔 물감을 풉니다.

01. 짙은 색부터 칠합니다. 수채화이기 때문에 흰색 물감을 사용하지 않고 물로만 색의 농담을 조절합니다.

03. 물을 더 타서 아래쪽으로 내려올수록 점점 옅어지도록 합니다.

04. 검은색 수채화 물감으로 눈을 그립니다.

05. 눈 위에 예쁜 속눈썹을 그립니다.

06. 입을 익살스럽게 그립니다.

07. 분홍색 수채화 물감으로 볼 터치를 그립니다.

08. 짙은 노란색 수채화 물감으로 폴의 귀부터 칠합니다.

157

09. 물을 섞어 귀 아래쪽은 점점 옅게 칠합니다.
10. 폴의 귀 위쪽 노란색을 좀 더 선명하게 표현하기 위해 주황색 수채화 물감을 가장 윗부분에 살짝 칠합니다.
11. 물을 묻혀 노란색과 주황색이 자연스럽게 섞이도록 합니다.
12. 폴의 눈을 게슴츠레하게 표현합니다.

13. 코와 입을 그립니다.
14. 볼 터치를 빨간색 수채화 물감으로 귀엽게 표현합니다.
15. 고양이의 털 무늬를 그립니다. 이 작업은 얼굴의 물감이 모두 마른 뒤 해야 합니다.
16. 머리핀 대의 위치를 잡습니다. 이때 머리핀 대의 위치가 적당한지 먼저 생각해야 합니다.

Applied Lessons

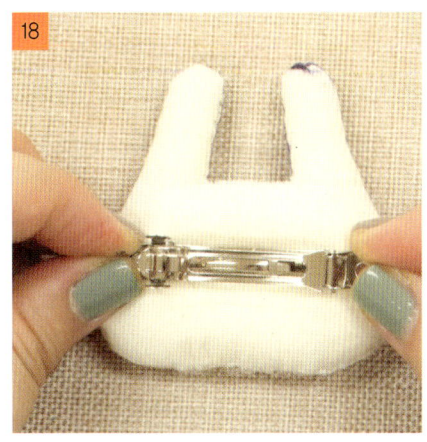
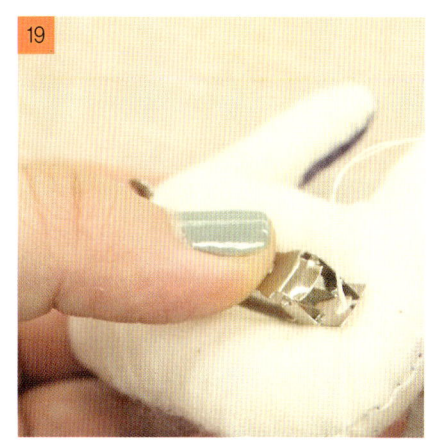

17. 머리핀 대 뒤쪽에 글루건을 쏩니다. 이때 손을 데지 않도록 주의합니다. 저학년 아이들은 위험할 수 있으니 부착되어 있는 반제를 이용합니다.
18. 글루건을 쏜 머리핀 대를 인형 뒤쪽에 붙입니다.
19. 머리핀 대를 붙인 후 실과 바늘을 이용하여 봉제 인형 뒤쪽에 꼬맵니다.
20. 여러 번 반복해서 꼬맵니다.

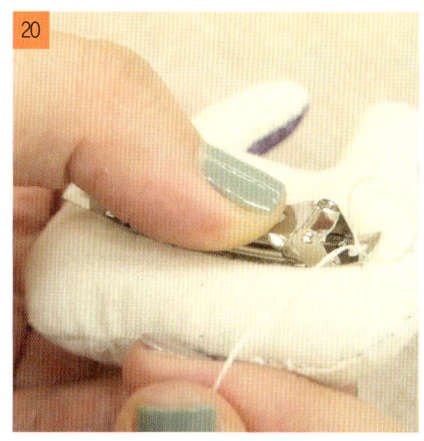

Point

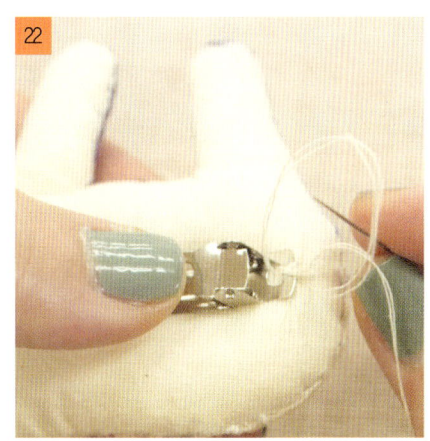

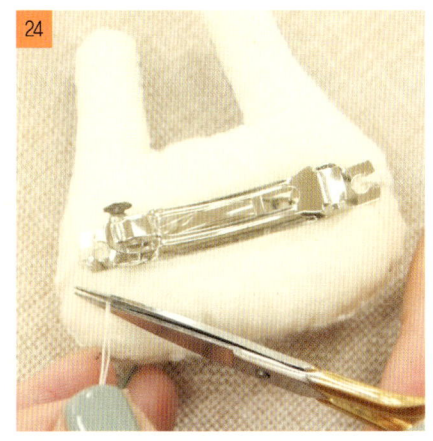

21. 튼튼하게 부착되도록 실을 세게 잡아당깁니다.
22. 다 꼬맨 뒤 매듭을 짓습니다.
23. 매듭을 지은 후 한 번 더 바늘로 꼬맵니다.
24. 실을 잡아당겨 매듭을 숨긴 후 가위로 자릅니다. 이와 같은 방법으로 반대편도 꼬맵니다.

Applied Lessons 4. '나나'와 '폴' 봉제 볼펜 만들기

- **수업 적정 연령 및 수업 시간** : 초등학생 3학년 이상, 2시간(봉제 인형 키트, 볼펜 키트 사용 시 1시간 소요)
- **재료 및 도구** : 창구멍 막지 않은 봉제 인형(대), 아크릴 물감(검은색, 분홍색), 세필붓 3호 2개, 2호 1개, 물컵 3개(색상별), 포일, 속기용 볼펜 2개, 양면테이프, 실, 바늘, 쪽가위, 재단용 가위, 면 테이프, 면 레이스, 리넨 테이프, 토션, 딱풀, 패브릭
- **수업 진행 포인트** : 실용적인 제품이므로 선물용, 행사용, 체험 학습용으로 사용해도 좋습니다.

Applied Lessons

01. 나나 볼펜 대에 천을 붙이기 위해 준비한 천 위에 볼펜을 올리고 볼펜 대 길이만큼 가위집을 넣습니다.
02. 가위집에 맞추어 가위로 자릅니다. 길이는 3~4겹 정도 말 수 있을 만큼 정합니다.(두꺼운 재질의 볼펜일 경우 2겹)
03. 자른 천의 무늬가 옅은 면에 딱풀을 골고루 바릅니다.
04. 딱풀 바른 천을 볼펜 대에 말아 붙입니다.

 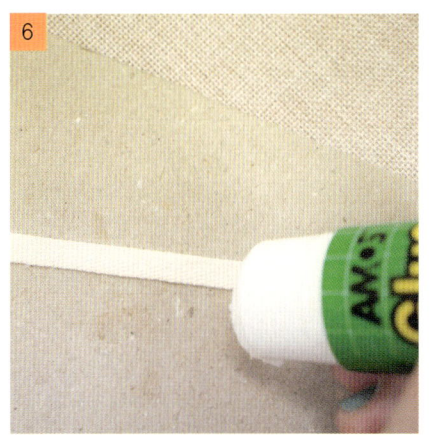 

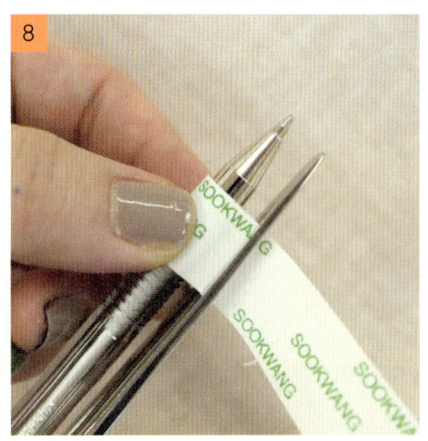

05. 천을 깔끔하게 마감하기 위해 면 테이프를 볼펜 대 길이에 맞추어 가위로 자릅니다.
06. 자른 면 테이프에 딱풀을 바릅니다.
07. 천의 마감 부분이 잘 가려지도록 면 테이프를 붙입니다.
08. 새로운 볼펜 손잡이 앞부분에 양면테이프를 한 번 말아 붙인 뒤 가위로 자릅니다.

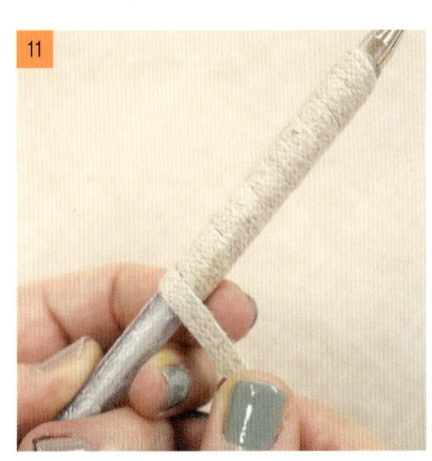

09. 볼펜 손잡이 앞부분의 양면테이프 보호지를 벗긴 뒤 그곳부터 다시 양면테이프를 붙여 말아 내려갑니다.
10. 양면테이프 보호지를 뜯어내고 리넨 테이프를 볼펜 손잡이 앞에서부터 붙입니다.
11. 이때 리넨 테이프가 겹치치 않도록 사선으로 말아 내리며 붙입니다.
12. 리넨 테이프를 모두 붙인 뒤 끝 부분은 딱풀로 붙입니다.

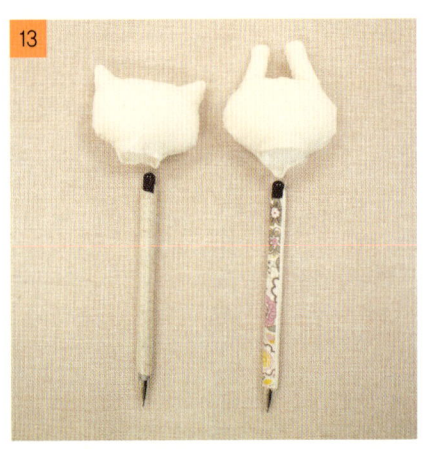
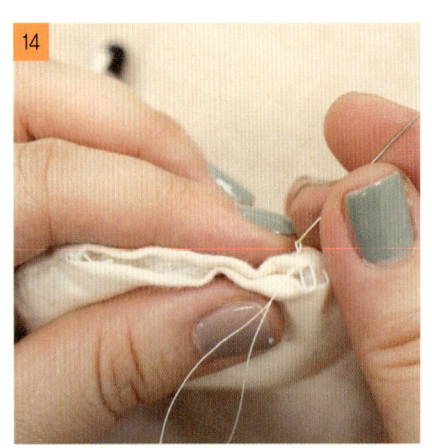

13. 창구멍을 막지 않은 봉제 인형 나나와 폴을 준비합니다.
14. 창구멍 반의 반까지 감침질 또는 공그르기 방법으로 꼬맵니다.
15. 창구멍 속으로 볼펜 대를 넣습니다. 이때 면 테이프를 붙인 부분이 얼굴 면과 수직이 되게 합니다. 그리고 천과 볼펜 대를 함께 꼬매기 시작합니다.
16. 바늘과 실로 남은 창구멍을 꼬맵니다.

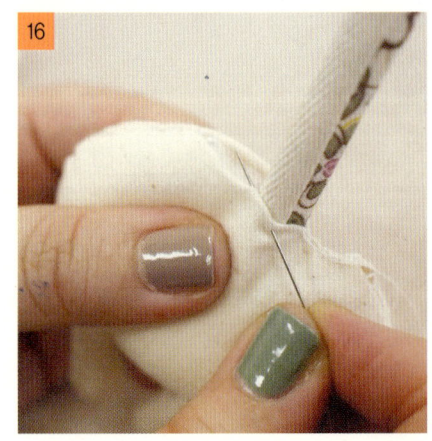

Applied Lessons

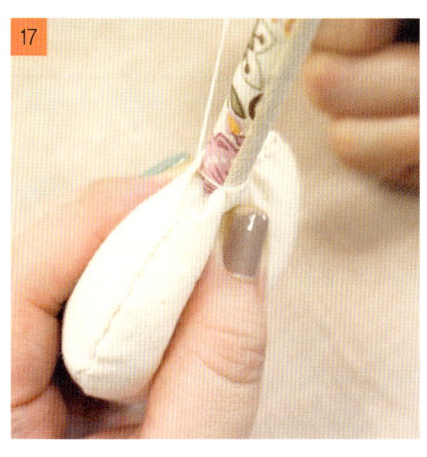

Point
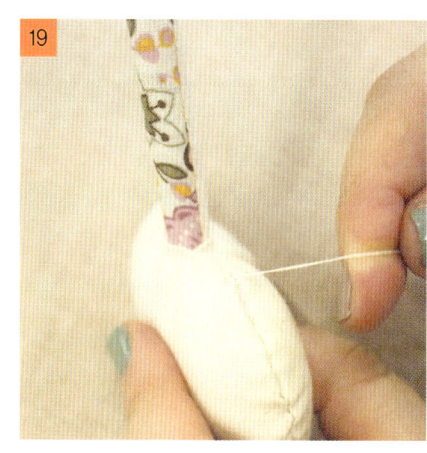

17. 볼펜과 봉제 인형이 고정되도록 볼펜 대와 함께 꼬맵니다.
18. 여러 번 반복하여 볼펜 대를 완전히 고정시킵니다.
19. 남은 창구멍은 감침질 또는 공그르기 방법으로 꼬맵니다.
20. 바느질을 모두 마친 뒤 바느질 마감이 보이지 않도록 한 번 더 바느질하여 죽 잡아당깁니다.

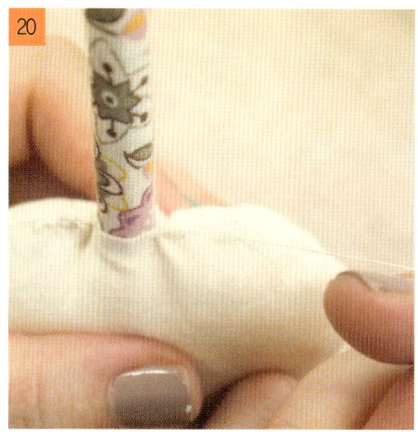

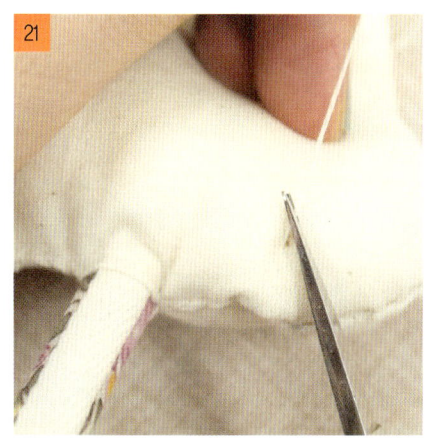
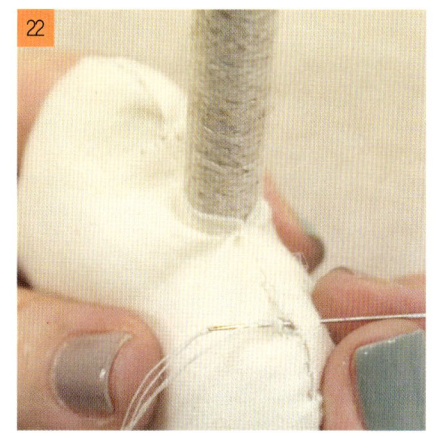

21. 잡아당겨 밖으로 나온 실을 가위로 자릅니다. 봉제 인형 나나와 볼펜 대가 부착되었습니다.
22. 폴 또한 나나와 동일한 방법으로 볼펜 대와 부착시킵니다.
23. 볼펜 대 아랫부분의 지저분한 곳을 깔끔하게 마감하기 위해 토션이라는 면 레이스를 준비해서 볼펜 둘레를 감쌀 만큼 가위로 자릅니다.
24. 토션에 딱풀을 바릅니다.

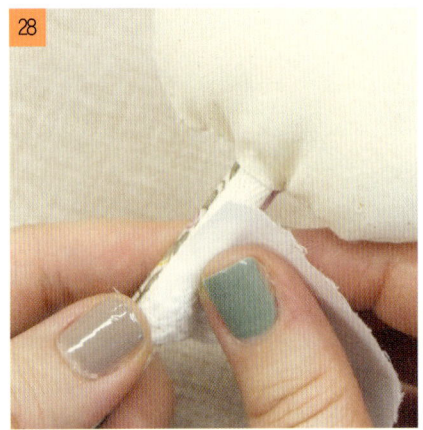

25. 토션을 볼펜 대 아랫부분에 깔끔하게 붙입니다.
26. 나나의 목에 예쁜 면 레이스를 감을 것이므로 충분히 준비합니다.
27. 딱풀을 나나의 면 테이프에 면 레이스 폭만큼 풀칠합니다.
28. 풀칠한 부분에 면 레이스 한쪽을 붙입니다.

Point

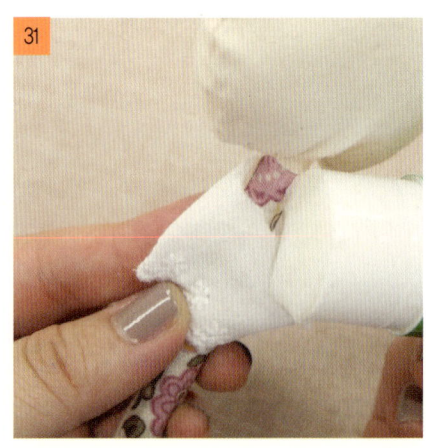

29. 붙인 면 레이스에 다시 딱풀을 바릅니다.
30. 면 레이스가 원통 모양이 되도록 둥글게 한 후 끝을 붙입니다.
31. 면 레이스를 두른 볼펜 대 위쪽 둘레에 딱풀을 바릅니다.
32. 딱풀 바른 볼펜 대 위쪽에 면 레이스를 치마처럼 주름 잡아 붙입니다.

Applied Lessons

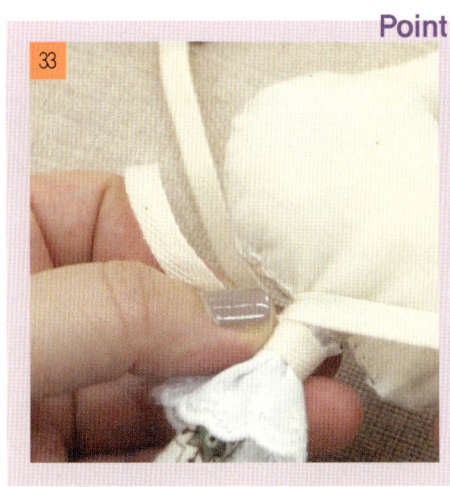

33. 면 테이프를 이용해 주름 잡은 면 레이스에 리본 테이프를 2~3번 두른 후 리본을 묶을 만큼 남겨 두고 면 테이프를 자릅니다.
34. 예쁘게 리본 모양으로 매듭짓습니다.
35. 폴은 면 레이스 없이 리본만 묶습니다.
36. 나나의 볼에 분홍색 볼 터치를 바릅니다.

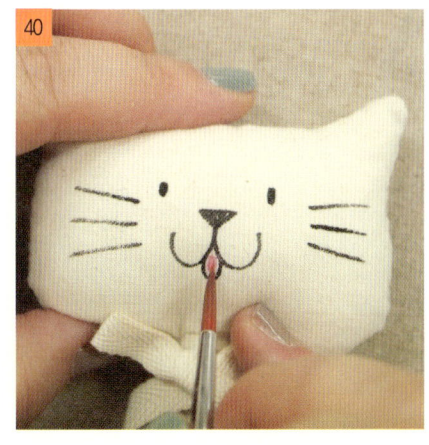

37. 검은색 아크릴 물감으로 나나의 눈과 입을 예쁘게 그립니다.
38. 폴의 얼굴에는 소심하고 순박한 표정의 눈, 코, 입을 그립니다.
39. 볼 터치 대신 귀여운 수염을 그립니다.
40. 입에 분홍색 아크릴 물감으로 포인트를 줍니다.

Applied Lessons 5. '나나'와 '폴' 봉제 머리 끈 만들기

- **수업 적정 연령 및 수업 시간** : 초등학생 5학년 이상, 2시간(키트 사용 시 30~40분 소요)
- **재료 및 도구** : 봉제 인형(대, 패턴 대체), 아크릴 물감(분홍색, 파란색, 검은색), 세필붓 3호 2개, 2호 1개, 물컵 3개(색상별), 포일, 연필, 쇠자, 시침 핀, 고무줄, 실, 바늘, 가위, 천, 나무젓가락

- **수업 진행 포인트** : 머리끈은 많이 만지작거리므로 튼튼하게 작업해야 합니다.

Applied Lessons

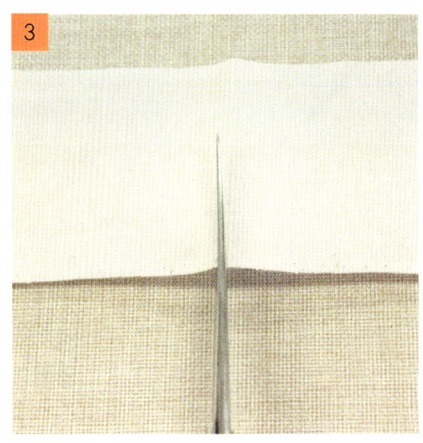

01. 천의 가로 450mm, 세로 70mm 지점을 표시합니다. 두께는 개인의 취향에 맞게 반으로 접어서 사용할 폭을 잘 계산해서 하면 됩니다.

02. 속으로 집어넣을 부분 15mm를 더 표시합니다.

03. 가위로 자릅니다.

04. 다른 색 천을 겹쳐 한 번 더 가위로 자릅니다.

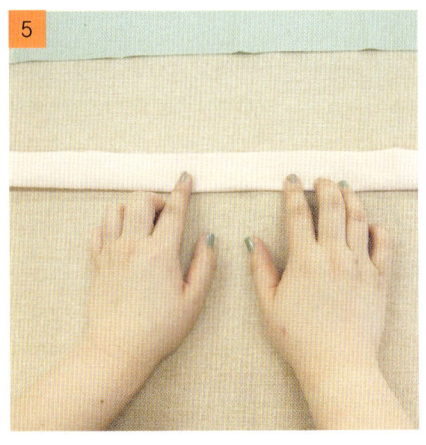

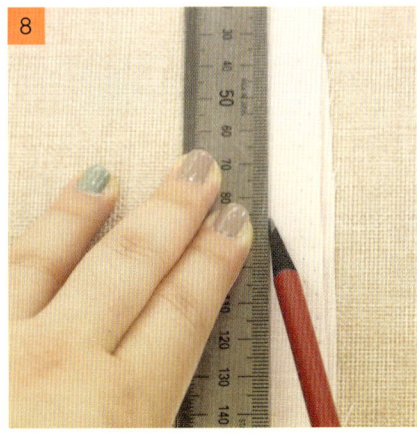

05. 각 천을 가로로 반 접습니다.

06. 접은 부분을 손톱 끝으로 꾹꾹 누릅니다.

07. 접은 천에 20mm 폭의 선을 표시합니다.

08. 표시한 곳에 바느질 선을 그립니다.

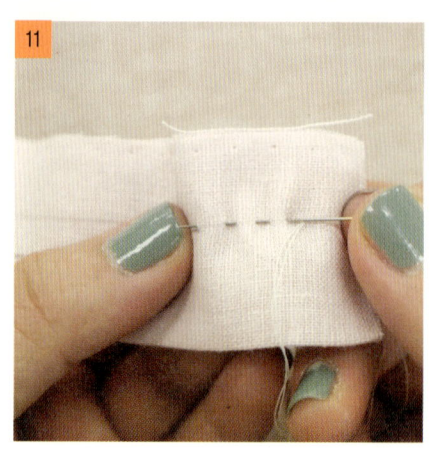

09. 천이 길어서 움직일 수 있으므로 시침 핀을 중간중간 꽂아 둡니다.
10. 홈질하기 전 시작 부분은 바느질한 실이 풀리지 않도록 1~2땀 박음질합니다.
11. 선을 따라 홈질합니다.
12. 홈질이 다 끝나면 바느질한 부분에서 밖으로 5mm 여유를 두고 자릅니다.

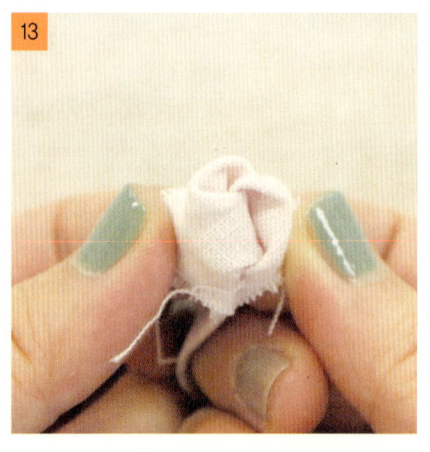

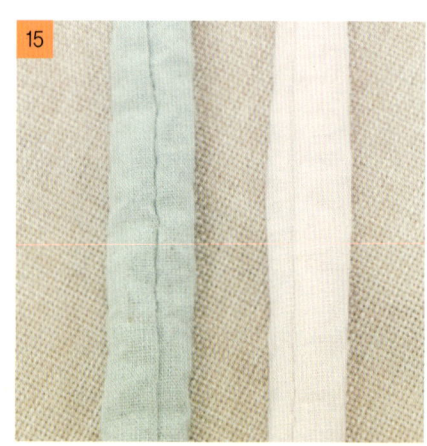

13. 앞뒤 구멍 중 하나를 이용해 천을 뒤집습니다.
14. 나무젓가락 또는 뒤집는 기구를 이용하여 나머지를 뒤집습니다.
15. 다른 천도 원통 모양으로 뒤집습니다.
16. 나무젓가락에 고무줄을 묶어 앞에서 만든 천 안에 넣습니다. 이때 고무줄 끼우는 기구를 이용해도 됩니다.

Applied Lessons

Point

17. 천을 둥글게 모은 후 한쪽 고무줄이 들어가지 않도록 집게손가락으로 잘 잡고 한쪽 고무줄을 잡아당겨 곱창 모양이 되도록 주름을 잡습니다.
18. 양쪽 고무줄을 잡아당겨 매듭짓습니다. 이때 고무줄을 너무 당기면 탄력이 없어지고 덜 당기면 너무 헐렁해지므로 적당히 잡아당깁니다.
19. 고무줄 매듭을 곱창 안에 숨겨 넣은 후 천의 끝 부분을 잘 정리하여 서로 맞물리도록 합니다.
20. 양 끝을 겹쳐 공그릅니다.

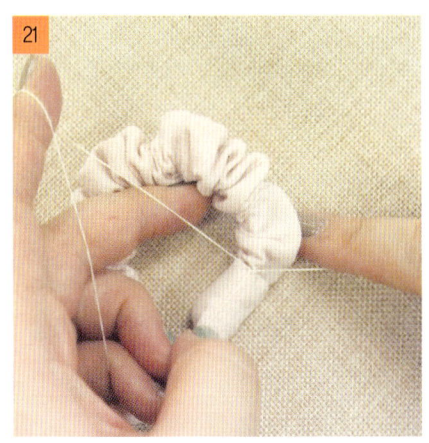
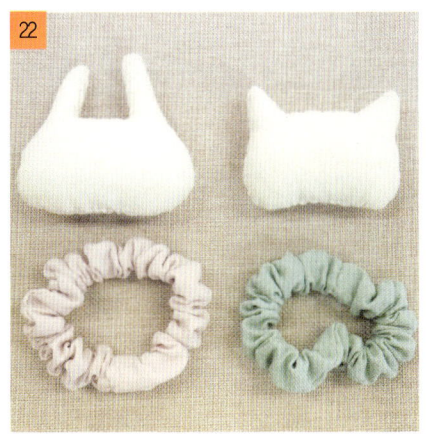

21. 바느질을 마무리한 뒤 매듭짓고 가위로 남은 실을 자릅니다.
22. 머리끈과 봉제 인형을 준비합니다.
23. 나나의 머리 부분을 분홍색으로 칠합니다.(Basic Lessons 참고)
24. 폴의 머리 부분을 파란색으로 칠합니다.(Basic Lessons 참고)

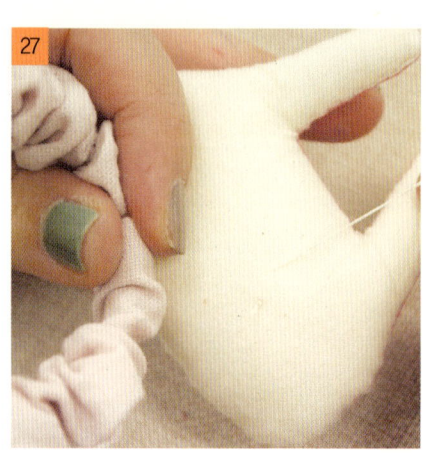

25. 검은색 아크릴 물감으로 나나의 얼굴에 눈, 입, 수염을 그립니다.
26. 검은색 아크릴 물감으로 폴의 얼굴에 눈, 코, 입, 수염을 그립니다.
27. 그린 뒤 물감이 다 마르면 나나와 폴 머리 뒤쪽에서 바느질을 시작합니다.
28. 머리끈에도 바느질하여 연결합니다.

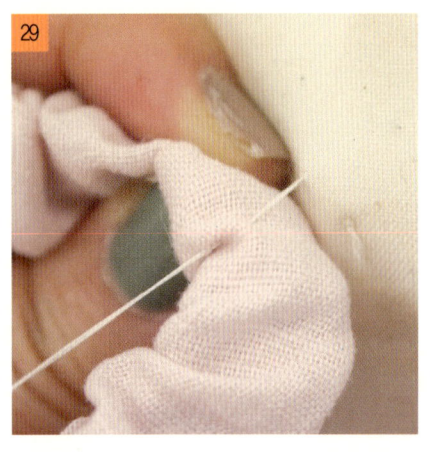
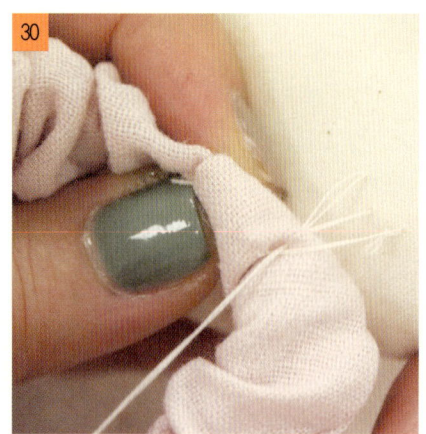
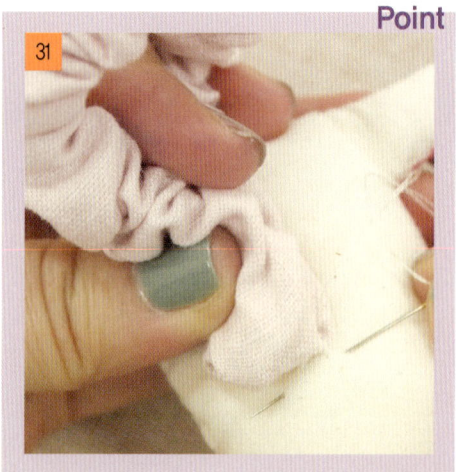

Point

29. 인형과 머리끈을 바느질하여 연결합니다. 이때 머리끈이 사각형이 되도록 돌아가며 꼬맵니다.
30. 인형과 머리끈을 오가며 여러 번 반복하여 튼튼히 꼬맵니다.
31. 실을 매듭지은 후 크게 한 땀 뜹니다.
32. 아래쪽 머리끈을 꼬맵니다.

Applied Lessons

Point

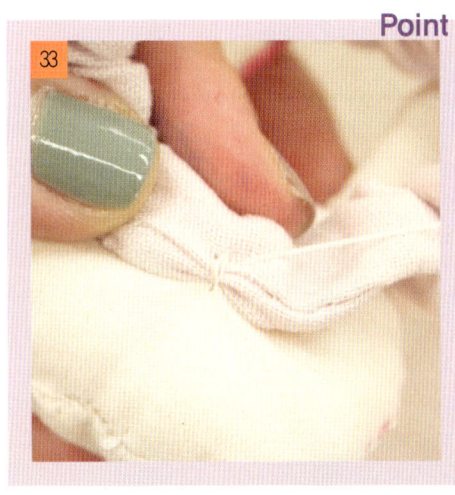  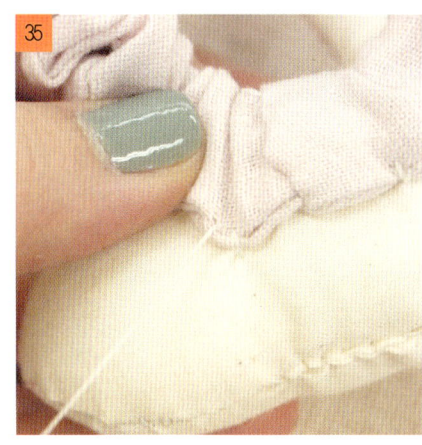

33. 위쪽 머리끈을 꼬맨 것처럼 10번 정도 반복하여 튼튼히 꼬맵니다.
34. 실을 매듭지은 후 반대편으로 크게 한 땀 뜹니다.
35. 앞의 방법처럼 여러 번 반복하여 튼튼히 꼬맵니다.
36. 위쪽으로 한 땀 뜹니다.

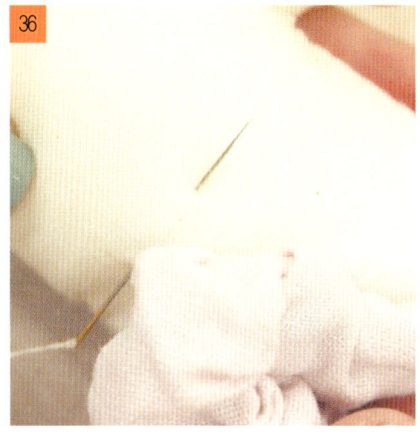

 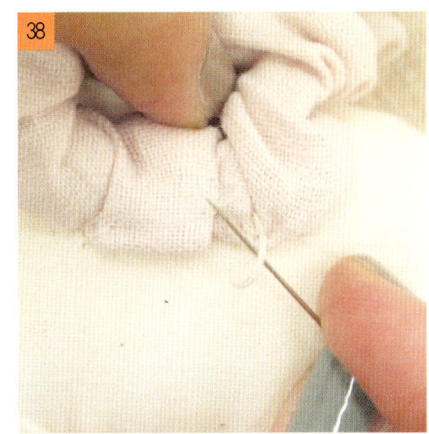 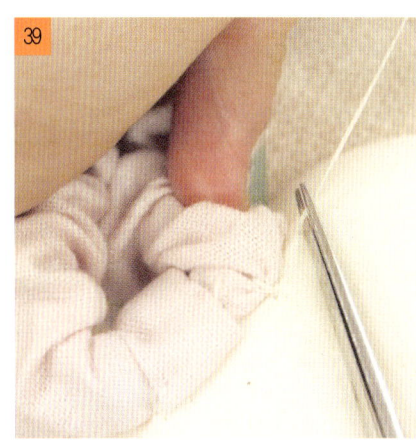

37. 앞의 방법처럼 여러 번 반복하여 튼튼히 꼬맵니다.
38. 실을 매듭지어 바느질을 마무리합니다.
39. 매듭짓고 남은 실은 가위로 자릅니다.
40. 폴도 동일한 방법으로 머리끈과 봉제 인형을 꼬매어 연결한 후 매듭짓고 남은 실을 가위로 자릅니다.

Applied Lessons 6. '나나'와 '폴' 봉제 노트 만들기

- 수업 적정 연령 및 수업 시간 : 초등학생 3학년 이상, 1시간 30분(봉제 인형 키트 사용 시 30~40분 소요)
- 재료 및 도구 : 봉제 인형(소, 패턴 대체), 네임펜, 유성펜, 가위, 양면테이프, 스탬프, 유성 잉크, 면 테이프, 글루건, 무지 노트
- 수업 진행 포인트 : 쉽게 구입할 수 있는 컬러 네임펜으로 봉제 인형에 캐릭터를 간단히 그릴 수 있습니다.

Applied Lessons

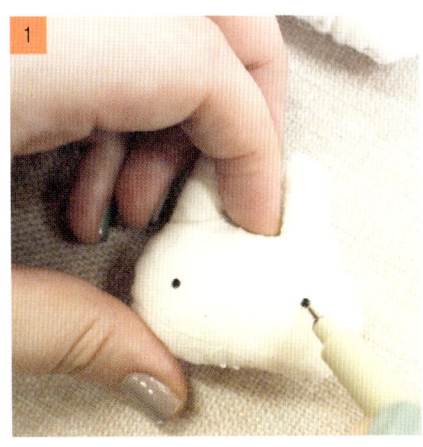 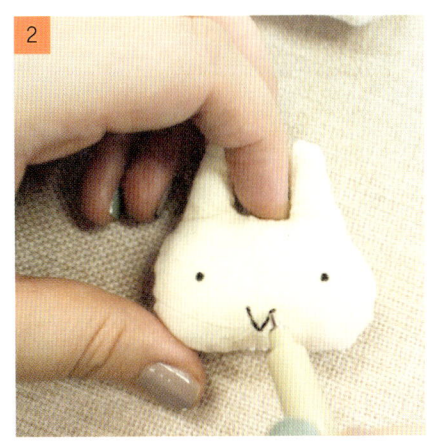 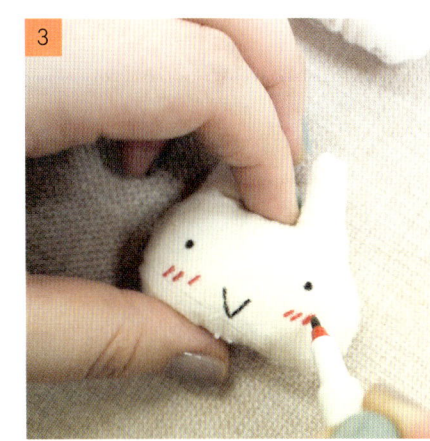

01. 노트에 붙일 나나 봉제 인형의 얼굴에 유성펜으로 눈을 그립니다.
02. 유성펜으로 입을 그립니다.
03. 빨간색 네임펜으로 볼 터치를 귀엽게 그립니다.
04. 파란색 네임펜으로 왼쪽 눈 위에 짧은 선 3개를 그려 깜짝 놀라는 표정을 표현합니다.

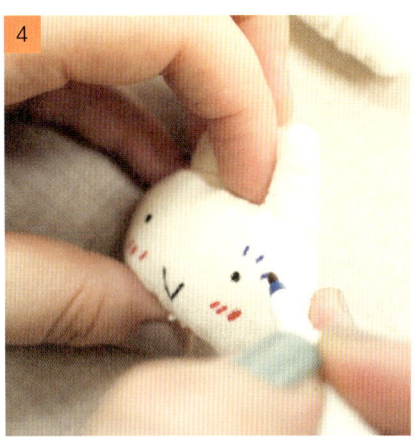

05. 폴의 귀에 귓구멍을 그립니다.
06. 폴의 감은 눈과 속눈썹을 그립니다.
07. 코와 입을 그립니다.
08. 수줍은 느낌의 볼 터치를 그립니다.

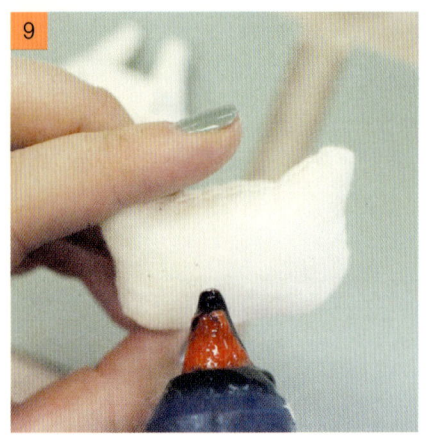

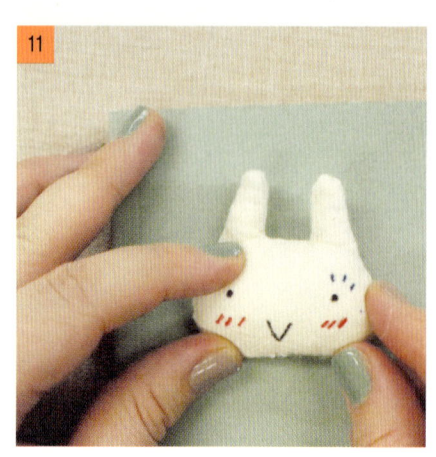

09. 폴의 얼굴 뒤쪽에 글루건을 쏩니다.
10. 폴의 얼굴을 노트에 붙입니다. 이때 폴의 얼굴은 원하는 곳에 붙이면 됩니다.
11. 나나의 얼굴도 동일한 방법으로 붙입니다.
12. 면 테이프의 위치를 잡은 후 적당한 길이로 자릅니다.

Point

13. 면 테이프에 양면테이프를 붙입니다.
14. 스탬프에 잉크를 묻힙니다.
15. 준비한 면 테이프에 스탬프를 찍습니다. 이때 스탬프 잉크가 번지지 않도록 유성 잉크를 이용합니다.
16. 예쁜 스탬프 면 라벨이 완성되었습니다.

Applied Lessons

  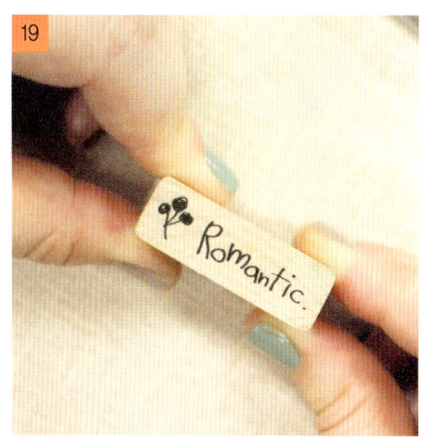

17. 스탬프 면 라벨을 폴의 얼굴을 붙인 노트에 예쁘게 붙입니다.
18. 다른 스탬프에 잉크를 묻힙니다.
19. 면 테이프에 스탬프를 찍습니다.
20. 스탬프 면 라벨을 나나의 얼굴을 붙인 노트에 예쁘게 붙입니다.

21. 폴의 얼굴을 붙인 노트의 빈 곳에 나만의 노트 이름을 네임펜으로 씁니다.
22. 네임펜으로 예쁜 하트를 그립니다.
23. 네임펜으로 나나 노트에도 예쁘게 글을 씁니다.

Applied Lessons 7. '나나'와 '폴' 봉제 카드 만들기

- **수업 적정 연령 및 수업 시간** : 초등학생 3학년 이상, 1시간 30분(봉제 키트 사용 시 1시간 소요)
- **재료 및 도구** : 봉제 인형(소), 아크릴 물감(검은색, 분홍색), 세필붓 3호 2개, 2호 1개, 물컵 2개 (색상별), 자, 가위, 커터칼, 커팅 보드, 스탬프, 잉크, 양면테이프, 면 테이프, 글루건, 두꺼운 도화지, 머메이드지, 마 끈, 딱풀, 천
- **수업 진행 포인트** : 무늬 천을 이용한 패브릭 카드를 만들어 봅니다. 여러 가지 기성 스탬프를 이용하여 면 테이프를 꾸며도 됩니다.

Applied Lessons

01. 카드를 만들기 위해 카드 겉 종이(115×190mm) 2장을 준비합니다.
02. 준비한 천에 종이를 올리고 바깥쪽으로 15~20mm 크게 재단합니다.
03. 천에 겉 종이를 올리고 쌀 준비를 합니다.
04. 종이에 붙일 천의 폭만큼 종이 바깥쪽에 풀칠합니다.

Point

05. 풀칠한 종이에 넓은 쪽 천을 먼저 붙입니다.
06. 책 커버를 싸듯이 천의 모서리 부분을 안쪽으로 접습니다.
07. 접은 부분을 가위로 자릅니다.
08. 자르고 남은 부분에 풀칠한 뒤 종이에 붙입니다.

09. 좁은 쪽 천에 풀칠한 뒤 종이에 붙입니다.
10. 반대쪽도 05~09의 방법으로 풀칠하고 붙입니다. 다른 1장도 앞과 같은 방법으로 싸서 겉 종이를 완성합니다.
11. 카드 속 종이를 겉 종이보다 5~7mm 정도 작게 재단선을 그리고 재단합니다.
12. 재단한 속 종이의 바깥쪽에 양면테이프를 붙입니다.

13. 겉 종이에 속 종이를 붙이기 위해 겉 종이를 반으로 접습니다.
14. 속 종이를 반으로 접습니다. 이때 양면테이프가 바깥으로 오도록 접습니다.
15. 속 종이에 붙인 양면테이프 접착 보호지를 뗍니다.
16. 속 종이를 접은 상태로 겉 종이의 중앙선에 맞추어 붙입니다.

Point

Applied Lessons

17. 중앙선 부분부터 바깥쪽으로 붙여 나갑니다. 절대 속 종이와 겉 종이를 펼친 상태로 붙이면 안 됩니다. 나중에 접을 때 반으로 잘 접히지 않을 수 있습니다. 나머지 하나도 같은 방법으로 속 종이와 겉 종이를 붙입니다.

18. 미리 준비한 봉제 인형 나나의 눈, 코, 입을 그립니다.
19. 미리 준비한 봉제 인형 폴의 눈, 코, 입을 그립니다.
20. 폴의 귀에 귓구멍을 그립니다.
21. 나나의 볼 터치를 그립니다.

22. 폴의 볼 터치를 그립니다.
23. 나나와 폴의 뒷면에 글루건을 쏩니다.
24. 나나를 카드 앞면 상단에 붙입니다.
25. 나머지 카드 앞면 상단에 폴을 붙입니다.

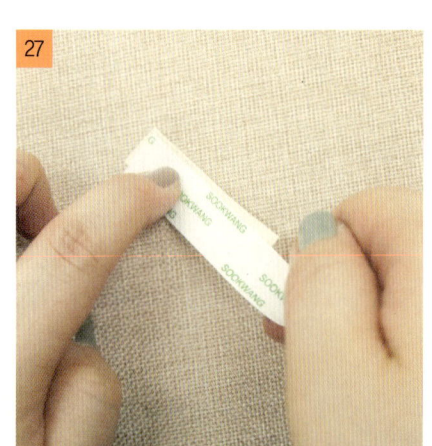

26. 면 테이프를 나나 아래쪽에 맞추어 보고 적당한 길이로 자릅니다.
27. 자른 면 테이프에 양면테이프를 붙입니다.
28. 카드 앞 맞추어 본 곳에 면 테이프를 붙입니다.
29. 같은 방법으로 폴 아래쪽에도 면 테이프를 붙입니다.

Applied Lessons

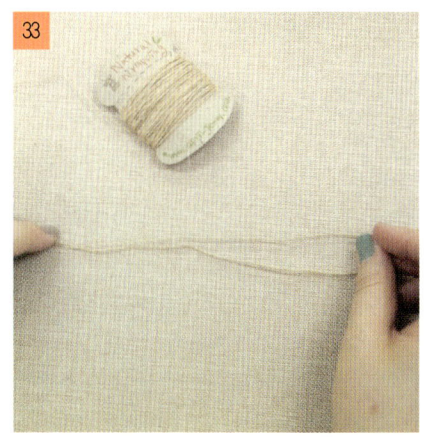

30. 미리 준비해 둔 스탬프를 면 테이프 위에 찍습니다.
31. 유성 스탬프용 잉크를 이용하면 잘 찍힐 뿐만 아니라 지워지지 않습니다.
32. 같은 방법으로 폴 아래쪽 면 테이프에도 스탬프를 찍습니다.
33. 카드의 세로 길이보다 4배 길게 마 끈 2겹을 준비합니다.

34. 카드 옆면에 마 끈 2겹을 끼웁니다.
35. 리본을 묶을 수 있을 만큼 마 끈을 넉넉하게 자릅니다.
36. 마 끈을 리본 모양으로 묶습니다.
37. 마 끈 끝을 적당한 길이로 자릅니다. 리본을 예쁘게 마무리하려면 이 부분이 중요합니다.

Applied Lessons 8. '나나'와 '폴' 봉제 쿠션 만들기

- **수업 적정 연령 및 수업 시간** : 초등학생 5학년 이상, 1시간 30분

- **재료 및 도구** : 30수 광목천, 아크릴 물감(분홍색, 검은색), 재단 가위, 쪽가위, 실, 바늘, 붓, 종이컵, 시침 핀, 연필, 포일, 솜, 나무젓가락, 도화지

- **수업 진행 포인트** : 작업물이 크지만 기본 레슨을 잘 숙지하면 오히려 쉽게 접근할 수 있습니다. 단, 장시간 작업이므로 고학년 수업에 적합합니다. 물감은 세탁이 가능한 패브릭 아크릴 물감을 이용하는 것이 좋습니다.

Applied Lessons

01. 원하는 크기에 맞추어 크고 두꺼운 도화지를 준비합니다. 여기에서는 4절 도화지에 그렸습니다. 두꺼운 도화지 위에 나나를 그립니다.(부록 205쪽 대 패턴 A3 용지에 확대해서 사용해도 됩니다)
02. 두꺼운 도화지에 그린 대로 가위로 오려 패턴을 만듭니다.
03. 두꺼운 도화지로 만든 패턴을 큰 광목천 위에 올려놓고 따라 그립니다.
04. 연필로 창구멍을 그립니다.

Point

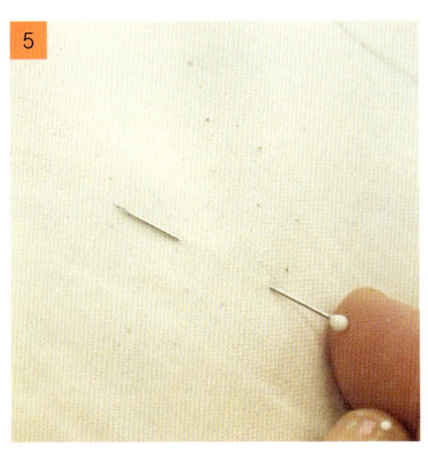  

Point

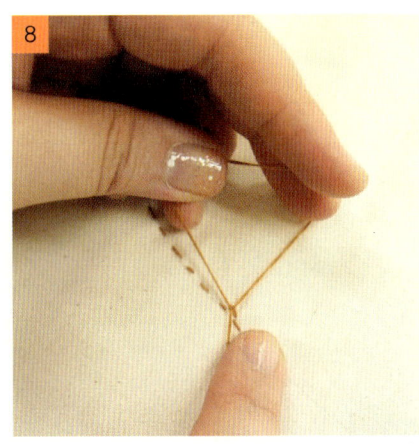

05. 인형의 크기가 크므로 쉽게 바느질할 수 있도록 시침 핀으로 고정시킵니다.
06. 창구멍 부분부터 바느질을 시작하는데, 처음 몇 땀은 박음질로 시작합니다.
07. 선을 따라 홈질합니다.
08. 창구멍 끝 부분에서 매듭을 짓고 잘라 바느질을 마무리합니다.

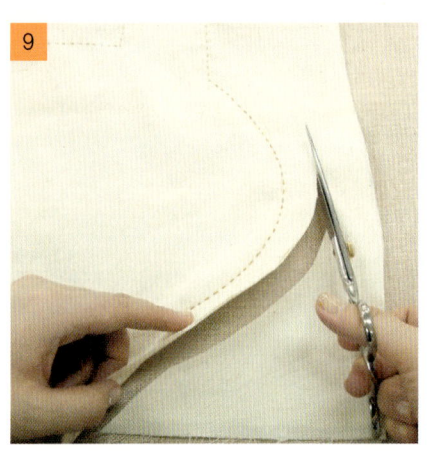
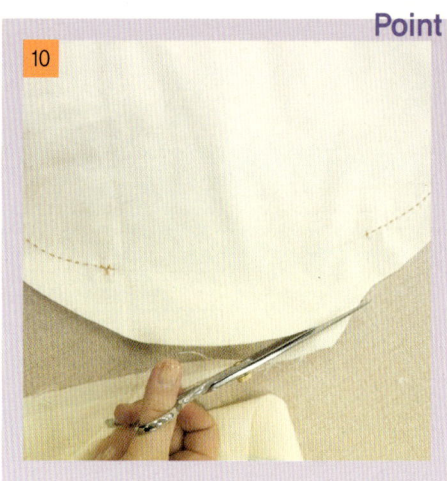

09. 패턴 선 바깥쪽으로 15mm 여유를 두고 가위로 오립니다.

10. 창구멍 부분은 좀 더 폭이 넓게 오립니다.

11. 모양을 따라 가위집을 냅니다.

12. 창구멍으로 손을 넣어 뒤집는데, 이때 모양이 잘 잡히도록 꼼꼼하게 뒤집습니다.

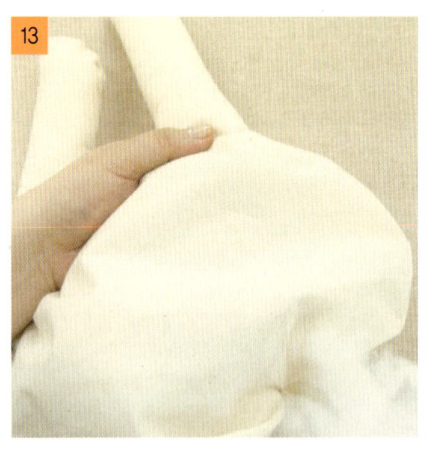

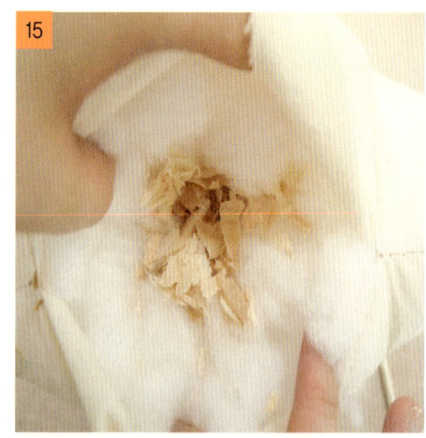

13. 토끼 귀 쪽부터 솜을 넣습니다.

14. 넓은 얼굴 부분에는 구름 솜을 폭신거릴 만큼 넣습니다.

15. 솜 속에 향이 좋은 편백나무를 넣어도 좋습니다.

16. 나머지 빈 공간을 솜으로 채웁니다. 쿠션은 사용하다 보면 솜이 꺼질 수 있으므로 솜을 많이 넣는 것이 좋습니다.

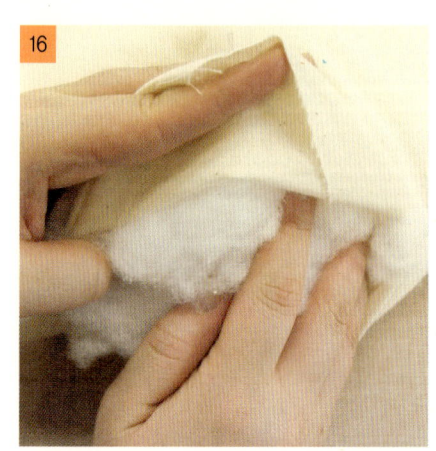

Applied Lessons

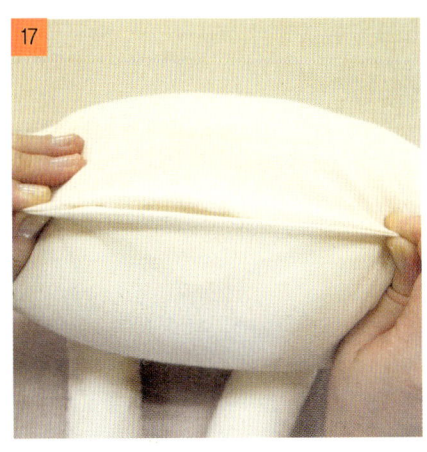  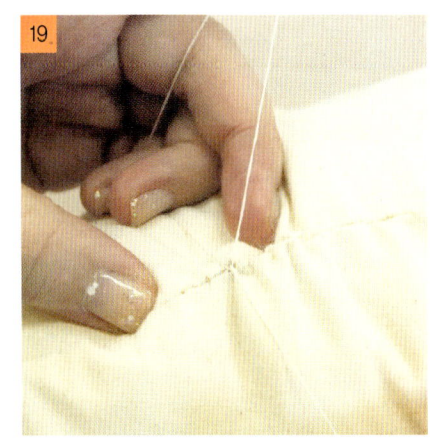

17. 창구멍 부분의 천을 안쪽으로 깔끔하게 정리한 뒤 맞물립니다.
18. 창구멍을 공그릅니다.
19. 실을 매듭지은 뒤 가위로 자릅니다.
20. 분홍색 아크릴 물감으로 나나의 얼굴에 생기를 줄 수 있도록 볼 터치를 그립니다. 먼저 작은 단추처럼 그린 후 점점 원을 크게 그립니다.

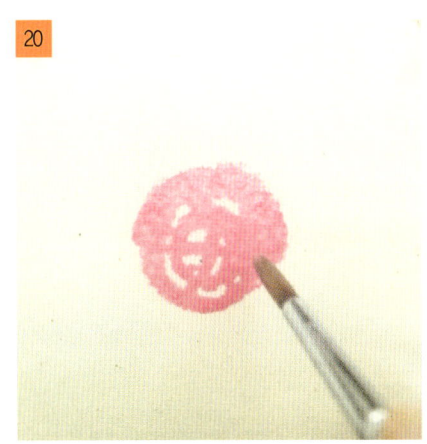

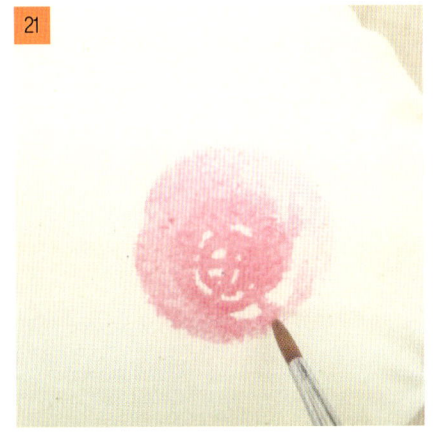 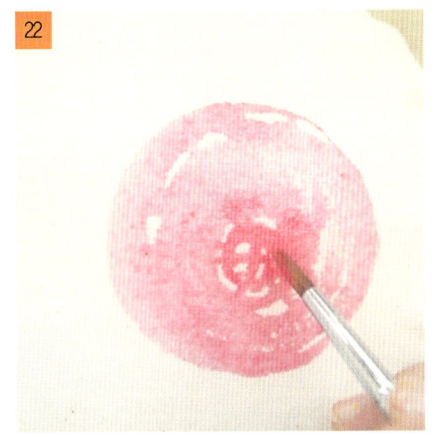 

21. 붓에 물감은 묻히지 않고 물만 이용해서 점점 흐리게 원을 그립니다.
22. 원 안쪽에 짙은 색으로 포인트를 줍니다.
23. 검은색 물감으로 눈을 예쁘게 그립니다.
24. 입술을 새초롬하게 그립니다.

Applied Lessons 9. '나나'와 '폴' 봉제 이중 파우치 만들기

- **수업 적정 연령 및 수업 시간** : 초등학생 5학년 이상, 2시간 30분(키트 사용 시 1시간 30분)
- **재료 및 도구** : 봉제 인형(소), 아크릴 물감(분홍색, 검은색, 흰색), 재단 가위, 쪽가위, 천, 실, 바늘, 세필붓, 양면테이프, 자, 두꺼운 도화지, 커터칼, 커팅 보드, 시침 핀, 연필, 끈, 면 테이프, 나무젓가락, 면 레이스, 라벨지
- **수업 진행 포인트** : 안감과 겉감 패턴의 차이를 알고 그려 봅니다. 여러 가지 바느질 기술을 익힙니다. 작업 시간이 오래 걸리므로 2주에 걸쳐 수업하는 것이 좋습니다.

Applied Lessons

01. 파우치 패턴용 두꺼운 도화지를 준비하여 겉지와 속지로 나누어 재단합니다. (부록 206~207쪽 참고)
02. 겉 천을 2장 겹쳐 준비합니다.
03. 속 천도 동일하게 준비합니다.
04. 겉지 패턴을 겉 천 위에 올리고 바느질 선을 그립니다.

Point

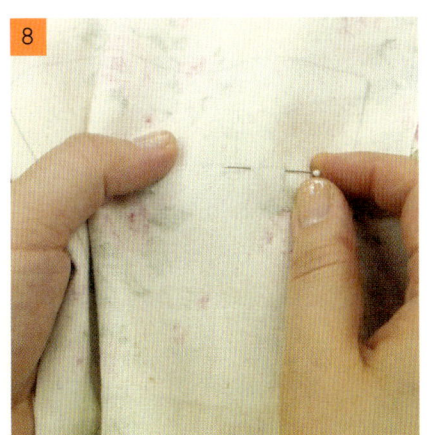

05. 천의 입구 쪽 접을 부분을 연필로 표시합니다.
06. 접을 부분에 연필로 선을 긋습니다.
07. 바느질 선 바깥쪽으로 7mm 띄우고 가위로 재단합니다.
08. 천이 움직이지 않도록 시침 핀으로 고정시킵니다.

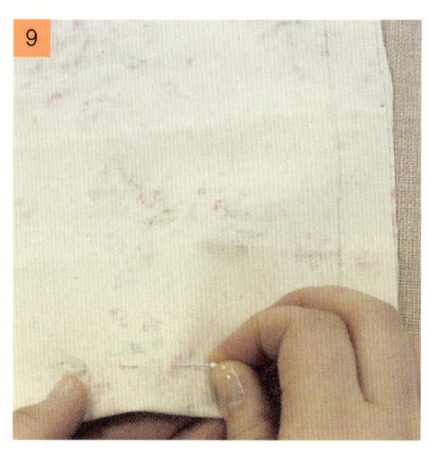  

09. 아래쪽도 움직이지 않도록 시침 핀으로 고정시킵니다.
10. 속지 패턴을 속 천 위에 올리고 바느질 선을 연필로 그립니다.
11. 겉 천과 동일하게 연필로 접는 부분을 표시합니다. 중요한 점은 지금 표시하는 연필 선까지만 바느질한다는 것입니다.
12. 접는 부분에 연필로 선을 긋습니다.

 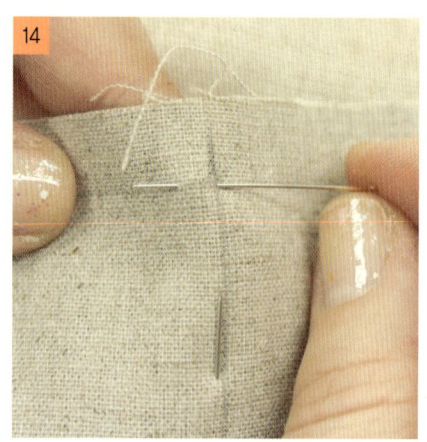 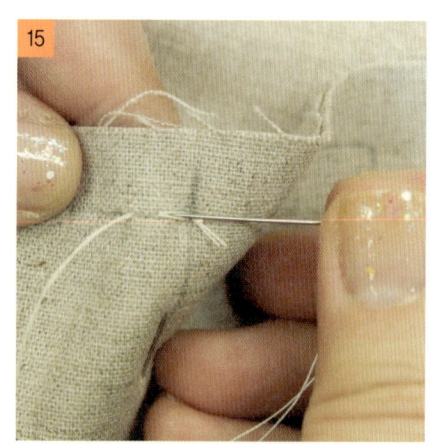

13. 천을 고정시키기 위해 시침 핀을 꽂습니다.
14. 속 천을 표시 선부터 홈질하기 시작합니다.
15. 시작 부분이 뜯길 수 있으므로 몇 땀만 박음질합니다.
16. 연필 선을 따라 홈질합니다.

Applied Lessons

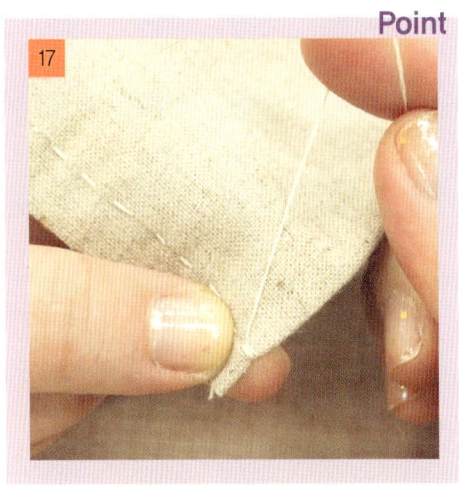

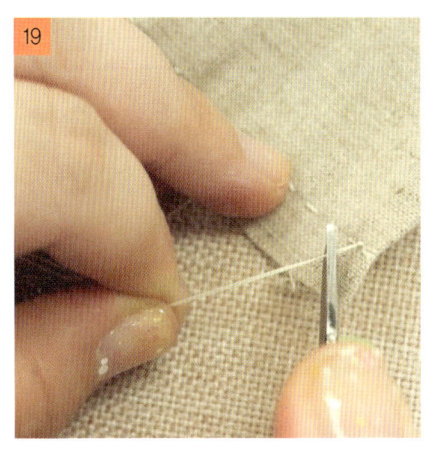

17. 끝 부분은 실로 여러 번 감습니다.
18. 감은 실을 매듭짓습니다.
19. 매듭지은 실을 쪽가위로 자른 뒤 반대쪽도 동일한 방법으로 꼬맵니다.
20. 겉 천 표시 선부터 시작합니다. 속 천과 마찬가지로 시작 부분이 뜯길 수 있으므로 몇 땀만 박음질합니다.

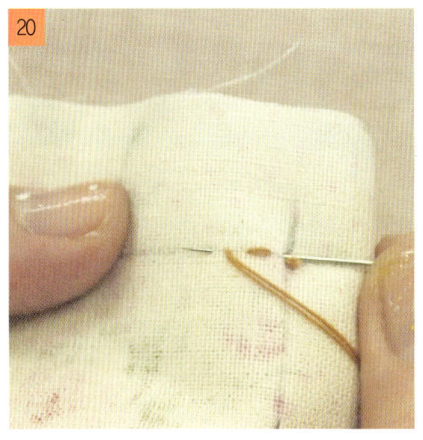

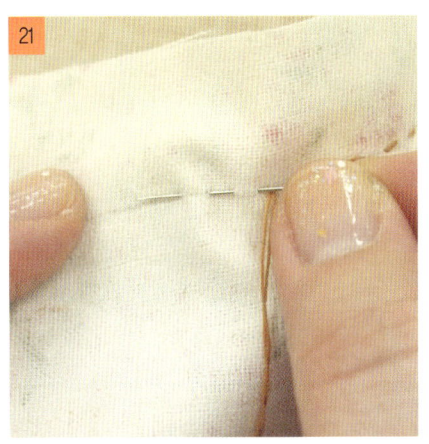
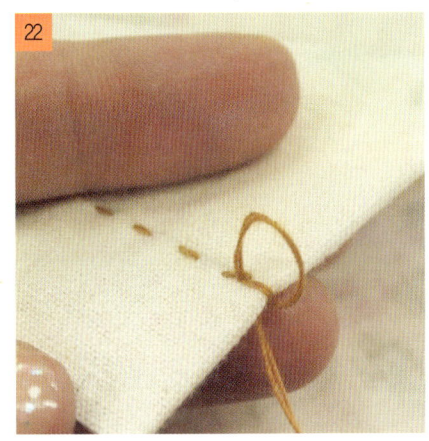

21. 연필 선을 따라 홈질합니다.
22. 끝 부분은 실로 여러 번 감습니다.
23. 실을 한 바퀴 돌려 매듭짓습니다.
24. 매듭지은 실을 쪽가위로 자릅니다. 반대쪽도 동일한 방법으로 바느질합니다.

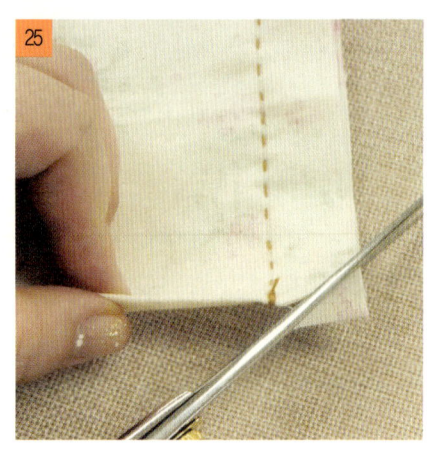

25. 모서리 부분을 사선으로 자릅니다.
26. 반대편 모서리 부분도 동일한 방법으로 자릅니다.
27. 바늘땀 바깥쪽 남은 천은 손톱 끝으로 꾹꾹 눌러 반으로 갈라 접습니다. 반대편도 같은 방법으로 접는데, 이때 다림질하여도 좋습니다.
28. 겉 천을 뒤집습니다.

29. 모서리 부분은 나무젓가락으로 뒤집습니다.
30. 속 천의 모서리 부분을 사선으로 자릅니다.
31. 겉 천과 같이 손톱 끝으로 눌러 반으로 갈라 접습니다.
32. 뒤집은 겉 천을 벌리고 그 안으로 뒤집지 않은 속 천을 그대로 넣습니다.

Applied Lessons

33. 나무젓가락을 이용하여 속 천과 겉 천의 모서리를 꼼꼼히 맞물립니다.
34. 맞물린 2장의 천을 잘 정리한 뒤 위쪽 속 천을 겉 천보다 길게 10mm 정도 남기고 가위로 오립니다. 속 천과 겉 천을 접었을 때 속 천이 더 길어야 예쁘게 접을 수 있습니다.
35. 긴 속 천이 밖으로 나오지 않도록 먼저 한 번 접습니다.
36. 접은 속 천과 겉 천을 함께 접습니다.

37. 접은 속 천과 겉 천이 움직이지 않도록 시침 핀으로 고정합니다.
38. 반대쪽도 동일하게 작업합니다.
39. 장식용으로 쓸 면 레이스를 파우치 길이에 맞추어 준비한 뒤 양쪽 끝을 접습니다.
40. 접어 둔 파우치 윗부분에 레이스를 겹쳐 시침 핀으로 고정합니다.

Point

41. 2개의 시침 핀으로 가운데와 끝 쪽도 고정합니다.
42. 맞은편에도 레이스를 동일한 방법으로 고정합니다.
43. 레이스와 함께 접은 부분을 홈질합니다.
44. 예쁜 스티치 모양이 되도록 예쁘게 홈질합니다.

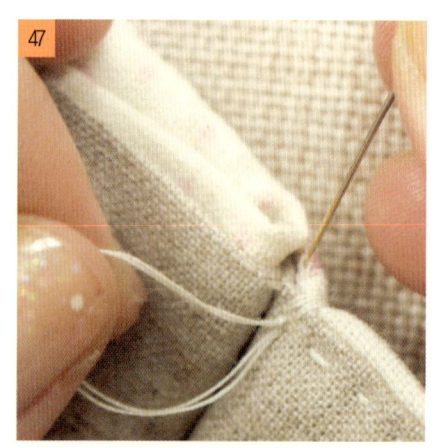

45. 끝 부분은 실로 여러 번 감습니다.
46. 감은 실을 매듭짓습니다.
47. 매듭이 보이지 않도록 안쪽으로 한 번 더 바느질합니다.
48. 남은 실을 쪽가위로 자릅니다.

Applied Lessons

 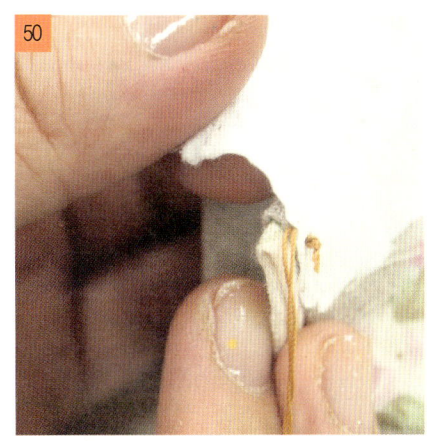 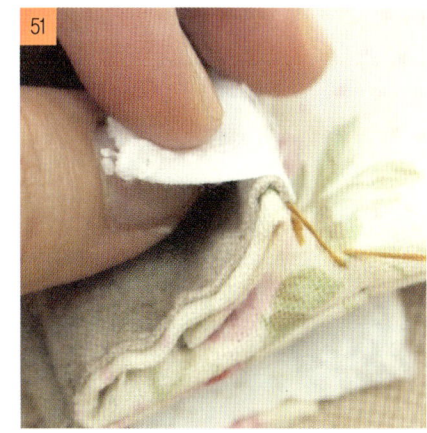

49. 반대쪽도 동일한 방법으로 바느질하고 매듭지은 후 쪽가위로 자릅니다.
50. 다 꼬맨 날개 2개를 몸통에 고정시키기 위해 바늘로 몸통을 먼저 뜹니다.
51. 처음에는 튼튼하게 꼬매기 위해 2번 반복해서 바느질합니다.
52. 안과 밖으로 실이 나오지 않도록 포를 뜨듯이 꼬맵니다.

Point

 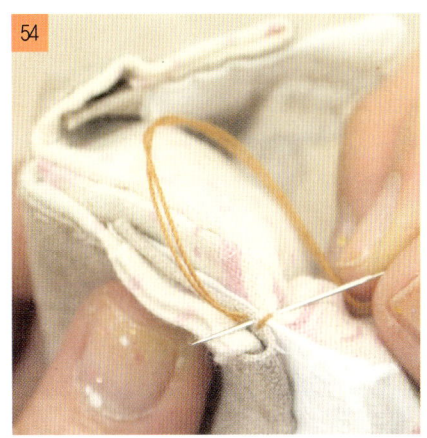 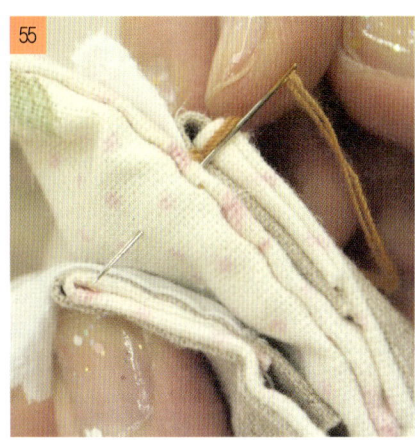

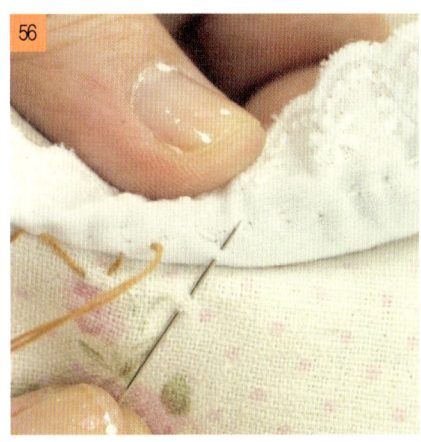

53. 입구는 막으면 안 되므로 아래쪽만 고정시키듯이 꼬맵니다.
54. 양쪽 날개가 몸통에 잘 고정되도록 꼬맵니다.
55. 한쪽을 다 꼬맨 뒤 반대쪽으로 꼬매 나갑니다.
56. 앞쪽과 같은 방법으로 꼬맵니다.

57. 날개를 튼튼히 붙이기 위해 마지막으로 몸통과 함께 꼬맵니다.
58. 매듭지은 뒤 한 번 더 바늘을 뜹니다.
59. 잡아당긴 실을 쪽가위로 자릅니다.
60. 파우치에 붙일 폴의 귀, 눈, 코, 입, 볼 터치를 아크릴 물감으로 그립니다.

61. 나나의 눈, 입, 볼 터치를 아크릴 물감으로 그립니다.
62. 머리 끈을 만들 때 사용했던 방법으로 나무젓가락에 파우치 끈을 묶은 뒤 구멍으로 넣습니다.
63. 끈을 빼서 적당한 길이로 자릅니다.
64. 끈 끝을 매듭짓습니다.

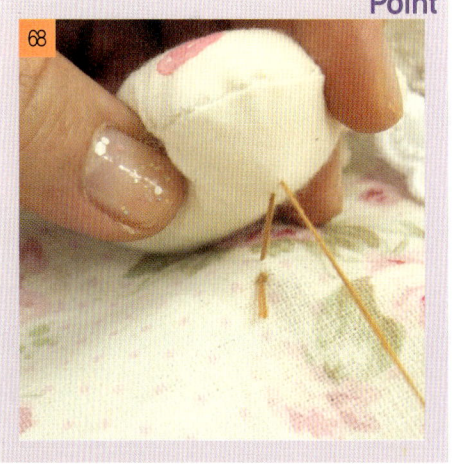

Point

65. 면 테이프를 적당한 크기로 자른 뒤 양면테이프를 붙입니다.
66. 라벨지에 나나와 폴의 이름을 쓴 뒤 이름 옆의 빈 공간을 예쁜 그림으로 꾸밉니다.
67. 파우치 몸통에 바늘로 한 땀을 뜹니다.
68. 파우치를 나나의 몸통에 연결한 뒤 함께 꼬맵니다.

69. 다 꼬맨 뒤 매듭짓고 나머지 실은 자릅니다.
70. 옆쪽도 같은 방법으로 한 번 더 파우치와 연결하여 튼튼하게 꼬맵니다.
71. 적당한 위치에 폴도 위와 같은 방법으로 고정시킵니다.
72. 만들어 놓은 라벨지를 파우치에 붙입니다. 라벨지 역시 바느질하여 붙이면 더욱 튼튼합니다.

CHAPTER 6.

부록 — 작품에 사용할 일러스트 · 도안 · 패턴

나만의 캐릭터 머그컵 만들기 (60쪽)

드로잉 캔버스 가방 만들기 (68쪽)

Appendix

스탬프 아트 어버이날 감사 엽서 만들기 (82쪽)

스탬프 아트 미니 선물 상자 만들기 (74쪽)

스탬프 아트 태그 만들기 (88쪽)

스탬프 아트 나만의 편지지 및 편지 봉투 만들기 (96쪽)

스탬프 아트 패브릭 앞치마 만들기 (104쪽)

패브릭 드로잉 압정 만들기 (112쪽)   * 예제 그림을 응용하여 그려 보세요.

Appendix

패브릭 드로잉 압정 만들기 (112쪽)

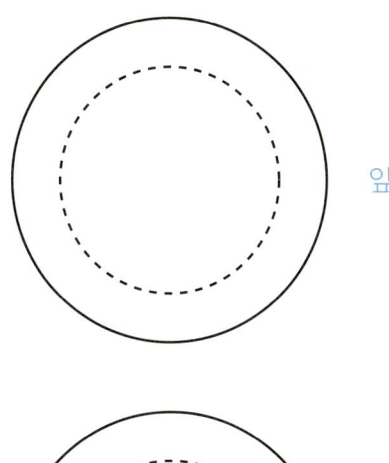

앞

뒤

패브릭 롱 페이스 자석 만들기 (116쪽)

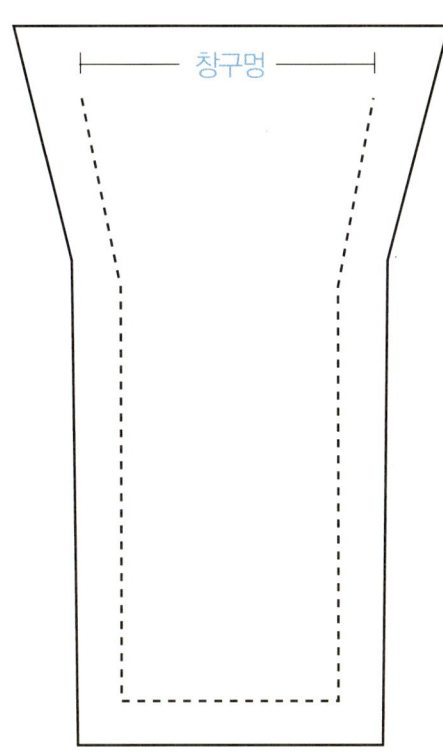

창구멍

홈질 선 ------------ 재단 선 ──────

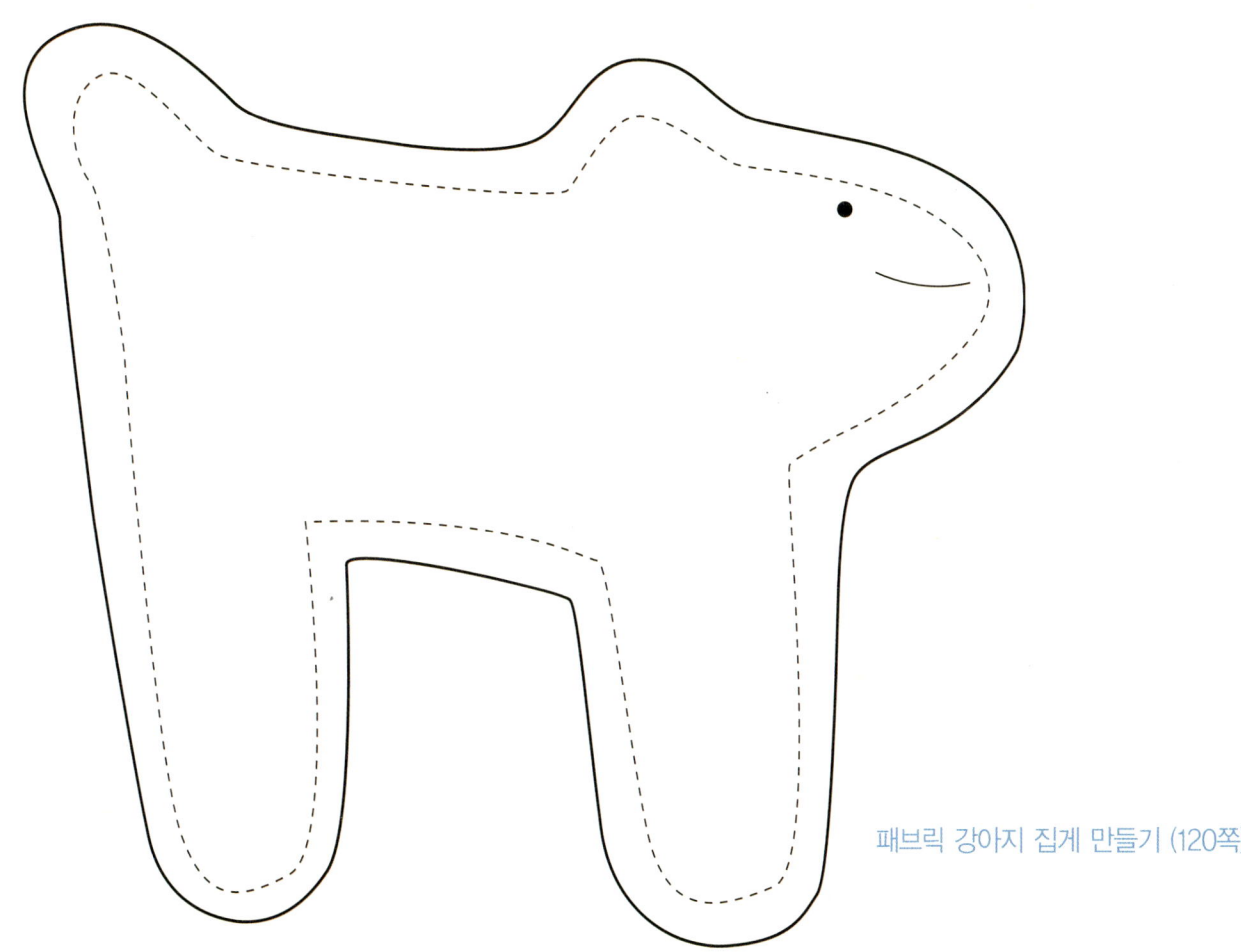

패브릭 강아지 집게 만들기 (120쪽)

203

패브릭 미니 아코디언 초대장 만들기 (130쪽)

패브릭 드로잉 아코디언 앨범 만들기 (136쪽)

Appendix

봉제 인형 '나나'와 '폴' 만들기 (142쪽)　　* 대, 중, 소 패턴을 선택하여 사용합니다.

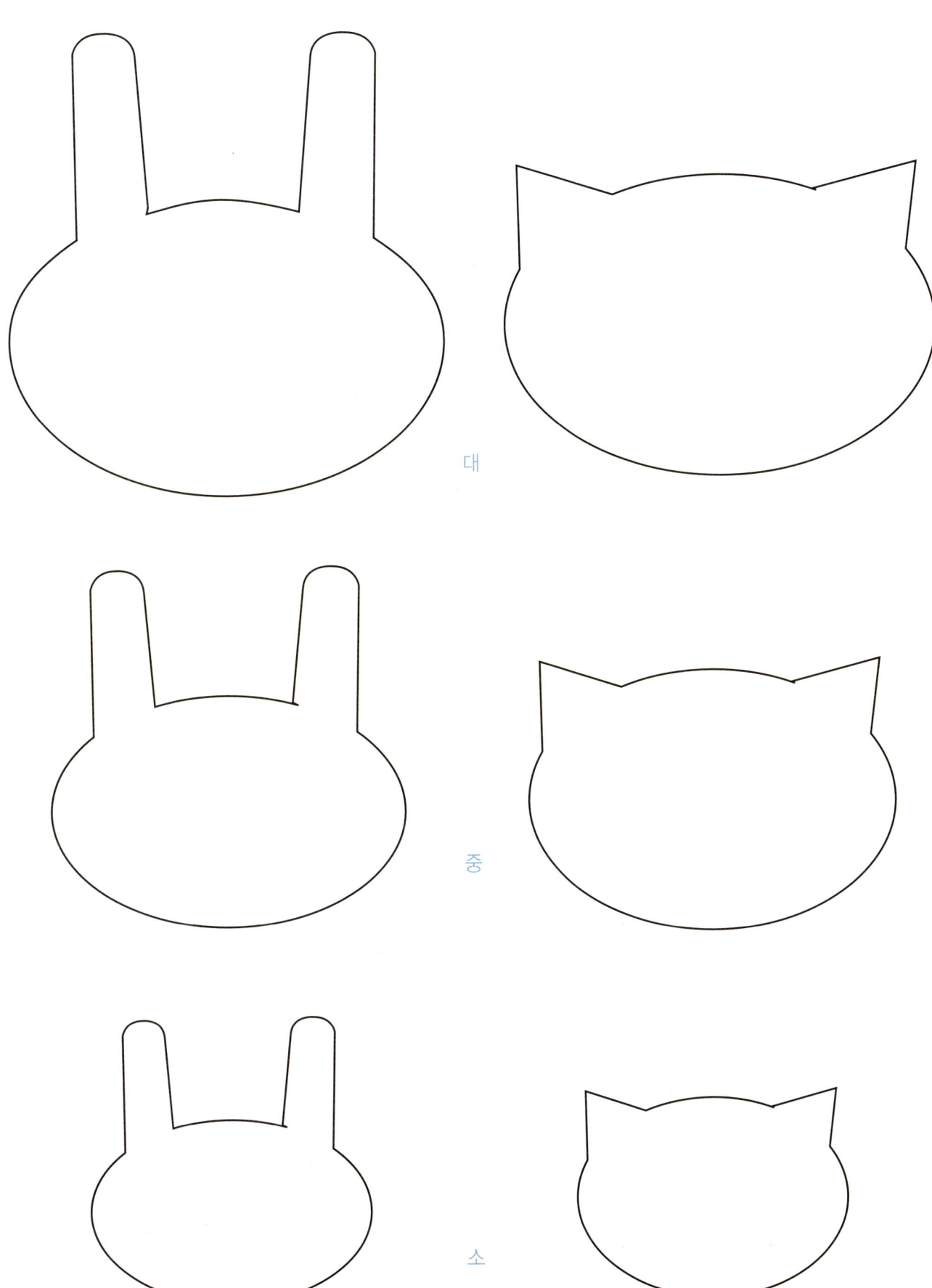

대

중

소

'나나'와 '폴' 봉제 이중 파우치 만들기 (186쪽)

130mm

35mm

180mm

겉지

Appendix

125mm

40mm

180mm

속지

미야핸즈스터프의
EDC2(Education/Design/Culture/Craft) 프로그램 안내

1999년 설립된 미야디자인하우스(전신 바람난공주에서 2008년 개칭)는 기성화되고 획일적인 제품이 아닌 감성적인 디자인 문구 및 잡화를 개발해 온 핸드메이드 팬시 회사입니다.

미야디자인하우스의 핸드메이드 전문 브랜드 '미야핸즈스터프'는 다년간 팬시 디자인과 강의를 통해 얻은 노하우와 팬시 일러스트 아트의 다양한 아이템을 기반으로 수공예 지도사들에게 다양한 커리큘럼과 다양한 콘텐츠를 제공하여 한층 수준 높은 지도자 양성을 목표로 하고 있습니다.

'미야핸즈스터프'의 EDC2 프로그램은 방과후지도 교사 및 공예 강사 들이 겪는 기존 교육 콘텐츠의 부족을 타파하고자 다양한 교육 콘텐츠를 개발하여 제공하고 그에 맞는 다양한 재료들을 손쉽게 구입할 수 있도록 제공하는 원스톱 프로그램입니다.

〈미야핸즈스터프의 단계별 스토리〉

1. 미야핸즈스터프 교육 스토리

다년간 팬시 디자인과 강의를 통해 얻은 노하우와 다양한 아이템 들을 팬시 일러스트 아트에 잘 접목하여 기존의 수공예 자격증을 가지고만 있는 수많은 지도자들에게 다양한 커리큘럼과 다양한 콘텐츠를 제공함으써 질 높은 방과후 지도자 양성에 힘쓰고 있습니다.

교육 문의 : www.miyahands.com / 070-4610-1417

2. 미야핸즈스터프 제품 스토리

다양한 재료를 한 번에 구매할 수 있는 온라인 쇼핑몰(www.miyahands.com)과 공통된 주제로 커뮤니케이션할 수 있는 온라인 카페(http://cafe.naver.com/miyahandsstuff)를 운영함으로써 지속적으로 콘텐츠를 제공하고 관리하고 있습니다.

3. 미야핸즈스터프 홍보 스토리

홍보 스토리는 강사님들에게 필요한 모든 홍보물을 디자인 및 제작 의뢰할 수 있는 시스템입니다. 미야디자인하우스의 디자인숲(www.d-soup.co.kr)에서는 공방과 방과후지도 교사, 일반 강사 들에게 꼭 필요한 명함, 현수막, 리플릿, 엽서, 메모지 등의 홍보물을 제작하고 있습니다.